U0262729

著者简介

西山敏树

　　1976年生。博士毕业于庆应义塾大学研究生院政策与媒体研究系。曾任庆应义塾大学医学部特聘副教授、研究生院系统设计与管理研究系特聘副教授，现任日本东京都市大学都市生活学部副教授、创新融合学会常务理事、人机交互学会评论员、政策分析网络事务局长助理。发表过多篇关于客车及卡车的通用设计和节能设计论文，是为数不多的熟悉客车事业振兴政策的国际研究员之一。

远藤研二

　　京都大学研究生院电气工程硕士毕业后，40多年来一直从事交流旋转电机的电气设计，具备从超大型电机到超小型电机的设计经验。曾任职富士电机约30年，50岁后职业生涯遍及JATCO、丰田工业、Myway Plus、SIM-Drive等，致力于车用电机开发，目前仍活跃在一线。任职SIM-Drive期间，曾短期任教于庆应义塾大学。

松田笃志

　　AM-Creation有限公司董事长。中国科学院深圳先进技术研究院研究员。1960年生。毕业于日本大学理工学部航空航天工程系。1983～2002年任职于雅马哈发动机株式会社，主要从事工业用无人直升机的开发。创业后受托从事模型研发。2007年起担任庆应义塾大学研究生院政策与媒体研究系副教授，在电动汽车研究室从事电动汽车开发工作。2011年起任中国科学院研究员，兼职电动汽车研究至今。日本摄影测量与遥感协会、日本汽车工程师学会会员。

轮毂电机原理与设计

〔日〕西山敏树　远藤研二　松田笃志　著

查君芳　译

刘启蒙　审校

科学出版社

北　京

图字：01-2022-3230号

内 容 简 介

本书介绍了轮毂电机的概念、形式、设计方法、验证和评价方法等，主要内容包括轮毂电机概述、电机基础知识、轮毂电机设计实务、商品化和量产化工作。三位作者有着多年产品研发和教学经验，本书内容深入浅出、实用性强，初学者也能够通过本书领略轮毂电机的世界。

本书适合开发和研究轮毂电机、节能设计的科研工作者、技术人员阅读，也可作为高等院校相关专业师生的参考书。

图书在版编目（CIP）数据

轮毂电机原理与设计/(日)西山敏树，(日)远藤研二，(日)松田笃志著；查君芳译.—北京：科学出版社，2023.3

ISBN 978-7-03-074958-1

Ⅰ.①轮… Ⅱ.①西… ②远… ③松… ④查… Ⅲ.①轮毂-电机-研究 Ⅳ.①U469.72

中国版本图书馆CIP数据核字（2023）第034276号

责任编辑：孙力维 杨 凯/责任制作：周 密 魏 谨
责任印制：师艳茹/封面设计：张 凌
北京东方科龙图文有限公司 制作
http://www.okbook.com.cn

科 学 出 版 社 出版
北京东黄城根北街16号
邮政编码：100717
http://www.sciencep.com

天津市新科印刷有限公司 印刷
科学出版社发行各地新华书店经销

*

2023年3月第 一 版 开本：787×1092 1/16
2023年3月第一次印刷 印张：10 1/2
字数：200 000

定价：58.00元
（如有印装质量问题，我社负责调换）

致　谢

　　在本书编写过程中，与笔者合作的轮毂电机式电动汽车开发先驱——SIM-Drive公司给予了大力支持。在此，向SIM-Drive公司董事长田岛伸博表示衷心感谢。

前　言

这几年，"电动汽车[1]"已成为媒体报道的热点。顺应二氧化碳减排及温室效应防治的国际趋势，从社会角度来看，研发零排放电动汽车正变得日益重要。

电动汽车始于欧洲，开发历史可追溯到190多年前。1828年，匈牙利的阿纽什·耶德利克（Ányos Jedlik）基于自己设计的电机，制作了一个电动小车模型。1832年左右，苏格兰的罗伯特·埃德森（Robert Anderson）发明了电动马车。1835年，荷兰的西布兰杜斯·斯特拉汀（Sibrandus Stratingh）博士和助手制作了一台小型电动汽车。同年，美国的托马斯·达文波特（Thomas Davenport）也制作了一台小型电动汽车[2]。

然而，亨利·福特（Henry Ford）于1908年在美国开发了著名的廉价燃油汽车，起初价格不到电动汽车的一半，后来均价由1909年的850美元跌到1925年的260美元。同时期，电动汽车充一次电的行驶距离超不过65km，且时速很难达到24km。电动汽车的性能不及燃油汽车，燃油汽车迅速普及。1920年左右，市场上已难觅电动汽车的踪影。

2000年以来，出于二氧化碳减排及温室效应防治需要，电动汽车再次受到关注。不过，多数车辆都是以燃油汽车为基础，只是简单地将发动机换成电池-电机-逆变器，这是因为传统汽车厂商形成的产业链不可忽视。但是，考虑到今后严峻的人口高龄化等国际性问题，融合大空间及乘坐舒适度等通用设计，是生态设计电动汽车的方向之一。

鉴于此，笔者三人进行了轮毂电机式电动汽车的试制，像电力机车那样，将行驶所需的电池、逆变器及控制器等全部置于底盘之下，在轮毂内配置小型电机。与更常见的"改装式"电动汽车相比，轮毂电机式电动汽车仍是小角色，但可预见将大型电机输出功率分解到小型轮毂电机的方法论，必定顺应生态设计与通用设计融合的时代要求。

本书着眼于电动汽车的应用实例，介绍轮毂电机的原理与设计方法，以便初

1）本书特指通过电机、逆变器、电池驱动的纯电动汽车，不包括混合动力汽车及燃料电池汽车。

2）1931～1939年使用一次电池制作电动车的人比较多，而且他们都是独立制作，很难考证谁才是真正的第一人。——编辑注

学者理解。笔者希望本书有助于更多人理解轮毂电机的意义,并期待越来越多的人能够活用轮毂电机技术,开发高能效且方便驾驶的新一代电动汽车。

代表作者　西山敏树

目　录

第1章
轮毂电机概述

本书的研究对象——轮毂电机，是一种将电机内置于车轮中的驱动结构，是电动汽车及燃料电池汽车等电驱汽车的独特动力传动系统。将电机内置于车轮中，驱动力几乎能直接传递到车轮，相比传统燃油汽车，齿轮和驱动轴等造成的能量损耗大大减小。另外，由于不需要安装大型电机，在节省空间方面很有优势，通用设计性也很高。

　　对于纯电动汽车，高能量密度、低成本电池的开发是量产和普及的关键。因此，更稳妥的技术路线是，开发普及特定行驶场景的客车及小型车、超小型车等。以超小型电动汽车为例，提高能效的同时还要实现小型化、轻量化。另一方面，还要克服轴距减小、摩擦力降低、操纵稳定性下降等问题。综合考虑，轮毂电机是不错的选择。

1.1 轮毂电机应用优势

采用轮毂电机的优势，大致可概括为以下8点。

① 能量转换效率高，结构简单，有利于小型化。

② 转矩特性平坦，不需要变速器。

③ 转矩响应迅速，控制简单。

④ 可独立进行驱动力控制，降低牵引控制和车辆姿势控制等难度。

⑤ 相比"改装车"具有更高的安全性，有助于提高驱动系统稳定性。即便某个轮毂电机发生故障，也不影响其他轮毂电机继续运转。

⑥ 更易增强碰撞安全性和扩展其他安全功能。"改装车"的电机、逆变器、电池交替布置于发动机舱中，而轮毂电机式电动汽车全部采用置于车轮内的小型电机，车辆设计自由度得以提高，可实现通用设计。

⑦ 有助于汽车小型化、轻量化及节能，延长续航里程。可以取消驱动轴等传动结构，车身骨架结构的自由度也能得到提高。

⑧ 电动汽车零件数减小，空间增大，为自动驾驶及远程控制等相关新设备留出富余空间。

其中，①～④是电机方面的优势，⑤～⑧可以提升下一代电动汽车的服务，即进一步提高安全性，延长续航里程，促进通用设计，适配自动驾驶以及远程控制等。

1.2 轮毂电机应用课题

轮毂电机长期被诟病增大了车轮的簧下质量，导致驾乘舒适度和操控性变差，干涉悬架等。这些问题随着轮毂电机进一步小型化、高性能化和驱动机构的改进，将逐步得以改善，但仍应关注以下问题。

① 来自路面的冲击仅通过轮胎就会传递到电机本体，考验电机和减速器的鲁棒性。

② 电机安装位置较低，要有应对雨雪等恶劣天气和颠簸路面的措施。

③ 电机邻近制动器，需要充分隔热。

④ 受限于轮内空间及容许质量，电机设计（各部分尺寸、电磁结构、绕线方式等）难度较高。

截至2015年7月，量产的乘用电动汽车中，还没有使用轮毂电机的先例。日产汽车LEAF和三菱汽车i-MiEV在原型阶段探讨过采用轮毂电机的方案，但量产时还是改成了普通的后轮驱动。目前，庆应义塾大学及其孵化的风投企业SIM-Drive试制的样车在日本很有名。

1.3　个人代步应用实例

● 社区流动车"COMUMO"(庆应义塾大学)

庆应义塾大学在日本文部科学省的支持下，于2007～2010年在全校开展"Co-mobility社会创建"的跨学科研究。Co-mobility是community和mobility的复合词，意即社区流动性，这项研究假设流动权利得到高质量保证，都市圈和郊区市民的交流变多，让社区活跃起来，对提案的社会系统进行验证和评价。本书第一作者西山敏树在庆应义塾大学对该项研究的据点——宫城县栗原市及东京都三鹰市等进行了市民需求调查。结果是，综合考虑汽车普及深化、83%客车运营商和多数出租车运营商亏损的实情，证实了"都市圈和郊区都需要普及环保设计和通用设计融合的低劳动力成本公共交通"。鉴于这样的社会需求，庆应义塾大学决定利用轮毂电机开发单座大空间超小型电动汽车，并为其增加自动驾驶功能和远程控制功能，探索公共交通的可替代性。

这种超小型电动汽车以庆应义塾大学开发的电动集成台车结构为基础，如图1.1所示。集成台车的概念是，将电机（轮毂电机）置入车轮，电池和其他构件置于车辆地板下的框架结构内（组件内置式框架），装上小型车轮，形成驱动系统。

运用集成台车可以有效扩大利用空间，提升驾乘舒适性，提高运动性能。换句话说，小型电动汽车也可以拥有宽敞车厢、行驶稳定感以及高速体验。集成台车装上车身就成了电动乘用车（图1.2），装上箱体就成了电动货车（图1.3）。开发这种概念的超小型电动汽车，可以促进多种用途的移动和搬运，势必提高社区活跃度。在研究的后半程，为了谋求超小型电动汽车的移运性能改善及稳定性，通过采用功率变换器提升爬坡能力，通过改进控制软件提升任意环境下的行驶能力。使用集成台车可减少零件数量，更便于安装自动驾驶和远程控制等设备。

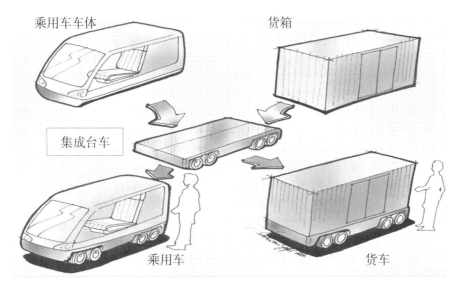

图1.1　集成台车的概念图

图1.2　超小型电动汽车（乘用车）

图1.3　超小型电动汽车（货车）

　　乘用车和货车的规格见表1.1。乘用车支持手机呼叫，可自动来到用户所在地，待用户上车并在车内显示屏指定目的地后将用户带到那里。货车则按照显示屏上指定的交货地点送货。这确实是可以改善流动性的超小型电动汽车，融合通用设计和环保设计，为下一代车型设计做出贡献。

表 1.1　超小型电动汽车的规格

项　目	乘用车	货车
总　长	1580mm	
总　宽	865mm	
总　高	1680mm	
车　重	234kg	300kg
电　机	直流无刷电机	
电　池	锂电池 40A×12 单元	
驱动电压	48V	
最大扭矩	24N·m	
最高车速	20km/h	
续航里程	30km	
爬坡能力	15%	
最大输出功率	2.5kW×4	
定　员	1 人	—
载　重	—	200kg

1.4　乘用车实例

● 集成台车型电动乘用车（庆应义塾大学及SIM-Drive公司）

庆应义塾大学一直在研究，如何通过车轮内和地板下的设计，将行驶所需的主要零件集成于坚固框架结构中的"集成台车"，并进行了车辆试制（图1.4）。

集成台车核心技术在于轮毂电机和置于地板下的中空结构组件内置式框架，有利于车身减重、提高设计自由度，随之减小空气阻力，显著延长续航里程。同时，行驶稳定性、碰撞安全性更有保障，还能扩大车内空间。此外，底盘本身结构也可以更简化。在所有车轮上安装轮毂电机，能够获得大的加速力，提升电动汽车动力。

以下是庆应义塾大学及其孵化公司SIM-Drive的乘用电动汽车实例。

KAZ是总长6700mm的大型电动汽车，如图1.5所示。每个轮毂电机输出功率为55kW，8轮的总输出功率达440kW。KAZ采用"智能功率模块"（内含高速IGBT信号放大电路等），实现了逆变器高效化和小型化。此外，"串联轮式悬架"（每个大直径车轮换成2个小车轮，2个车轮间用油压管连接）的8轮车结构，扩大了内部空间，提升了颠簸路面行驶能力、转弯稳定性和驾乘舒适性等。

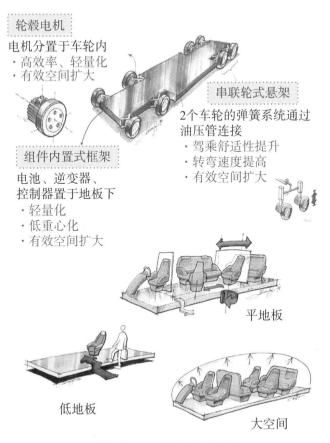

轮毂电机
电机分置于车轮内
· 高效率、轻量化
· 有效空间扩大

串联轮式悬架
2个车轮的弹簧系统通过油压管连接
· 驾乘舒适性提升
· 转弯速度提高
· 有效空间扩大

组件内置式框架
电池、逆变器、控制器置于地板下
· 轻量化
· 低重心化
· 有效空间扩大

平地板

低地板

大空间

图1.4　集成底盘的优势

图1.5　电动汽车KAZ

Eliica是总长5100mm的电动汽车，如图1.6所示。每个电机都由逆变器控制，每个电机的输出功率约80kW，合计输出功率约640kW，可提供优异的加速性能。每个车轮都配备了制动器、变速齿轮、轮毂轴承，以提升运动性能。Eliica带轮毂电机集成台车如图1.7所示，可见大空间高自由度车身设计。Eliica最高时速可达370km，是电动汽车高性能的体现。

图1.6 电动汽车Eliica

图1.7 Eliica的8轮8驱集成台车

Eliica的规格和性能见表1.2，虽然是10年前开发的，但其高性能仍广受好评。

随着庆应义塾大学乘用车部门集成台车型电动汽车的技术积累，SIM-Drive公司于2009年8月成立，致力于电动汽车的社会普及，促进电动汽车原型开发。

原型1号车SIM-LEI如图1.8所示，采用直驱轮毂电机和组件内置式框架，实现了268km续航（JC08模式）、4.8s百公里加速时间和车内大空间。此外，它采用了全钢单体壳低空气阻力轻量车身、高功率密度电池和超低滚动摩擦力轮胎。

表 1.2　Eliica 的规格和性能

尺　寸	
总　长	5100mm
总　宽	1900mm
总　高	1365mm
定　员	4 人
电机输出功率	640kW
性　能	
最高车速	370km/h
最大加速度	0.68g
一次充电行驶距离	300km
充电时间（恢复 70%）	30min

图1.8　电动汽车SIM-LEI

继SIM-LEI之后的2号车SIM-WIL如图1.9所示，也采用直驱轮毂电机和组件内置式框架，一次充电续航里程达351km。虽然它是小型车外形尺寸（B级），但具备相当于大型车（E级）的车内空间。5.4s的百公里加速时间也可媲美中级

图1.9　电动汽车SIM-WIL

跑车，钢制单体壳和钢制空间框架组成车身，以长轴距实现了5.4m最小转弯半径。

3号车SIM-CEL如图1.10所示，同样采用直驱轮毂电机和组件内置式框架。百公里加速时间4.2s，能源效率达到世界领先水平。通过积极引进碳纤维等化学材料和新加工技术，进一步轻量化。设计基于理论空气动力学模型的计算结果，大幅提升加速性能。

图1.10　电动汽车SIM-CEL

4号车SIM-HAL如图1.11所示，沿用了SIM-CEL的技术。

图1.11　电动汽车SIM-HAL

尽管SIM-Drive并非采用8轮，而是4轮直驱轮毂电机方式，但随着电机小型化、高效化，车内空间仍可扩大。虽然轮毂电机式电动汽车未能实现量产，但在原型车开发层面可以保持高性能。要想提高维护性和制造性等，尚需社会接受这些技术，从政策和制度方面等进行跨学科探讨。

1.5　客车实例

● 全平低地板电动客车（庆应义塾大学）

近年来，随着老年人和残障人士增加，客车作为社区化交通方式需要重新评估。对此，自2004年以来，日本国土交通省策划制定全平客车标准规格，并准备为标准规格车辆提供购买补贴，以迅速普及全平客车。但是，日本产的大型全平客车采用的是传统后置发动机技术，主要在后部增加台阶，乘客较多时难免不便，而且出于减缓温室效应考虑，监管部门和地方政府也要求客车运营商减少二氧化碳排放。对于客车运营商而言，通用设计和环保设计融合是社会性需求。

基于这一紧迫课题，庆应义塾大学一直在进行全平地板电动客车的原型研发[1]。原型开发采用类似于电力机车的配置方式，电池、轮毂电机、逆变器等行驶所需的部件置于地板下。这样可以扩大客车的内部空间，利用轮毂电机和大容量锂电池延长一次充电行驶距离，同时保证社会环境所需的无障碍性。采用轮毂电机的集成台车概念，确实有助于解决公共交通中通用设计和环保设计相融合的重要课题，这是集成台车式电动汽车的真正价值。

全平低地板电动客车是围绕产（五十铃汽车有限公司）学（庆应义塾大学）官（神奈川县、神奈川县公共汽车协会及运营商会员）机制推进的。安全可靠、坚固的车身对于电动大客车十分重要。车身采用铝或聚碳酸酯材料，尽可能轻量化。台车上配备新开发的直驱轮毂电机，实现无损高效驱动。全平低地板电动大客车的规格见表1.3。

表 1.3　全平低地板电动大客车的规格

项　目	规　格
总　宽	约2500mm
总　长	约9500mm
总　高	约2700mm
总　重	11 000kg（定员70人满载）
最小离地高度	约150mm
一次充电行驶距离	150km（实际行驶，开空调） 标准客车的行驶距离为120km/日
爬坡能力	20%（山区客车要求至少9.6%）
最高车速	100km/h（运营速度为60km/h）

1）2009年度日本环境省产学官合作项目，先进环境技术普及模式策划事业"电动全平地板公共汽车社区先行普及模式策划与系统化的实证研究"，研究代表者为清水弘（时任庆应义塾大学环境信息学院教授）。

对于全平低地板电动大客车，运营商们主要关心一次充电行驶距离。在横滨市内实证的结果为一次充电行驶121km。在开发之前，第一作者西山敏树对神奈川县公共汽车协会的12名运营商会员进行了听证，了解到运营商会员的车辆每天从出库到入库平均行驶约120km。实证行驶的结果表明，全平低地板电动大客车满足大多数运营时间表要求（日常运营所需的续航距离和各种服务）。引入集成台车的概念和技术，还可以降低车辆最小离地高度，提高通用设计水平。全平低地板电动大客车的外观如图1.12所示，内部如图1.13所示。

图1.12　全平低地板电动大客车的外观

图1.13　全平低地板电动大客车（庆应义塾大学）内部

　　根据神奈川县公共汽车协会的数据，现有全平大客车（总长10.5m，总宽2.5m）每公里油费为38日元。相比之下，试制同尺寸全平地板电动大客车每公里电费为8日元（夜间充电）。也就是说，电动化后每公里可以节省30日元。目前，日本客车平均每天行驶120km，按每年行驶300天计算，每辆电动大客车每年可节省30日元×120km×300天=108万日元。在日本市区大型客车的平均报废期限为12年。由此，每辆电动大客车12年可节省约1300万日元能源费用。对于一家拥有500辆大客车的运营商，电动化每年可节省约5亿日元能源费用——相当于约25辆全平大客车新车的原值。

　　此外，电动客车零件少，扣除能源费用后运营成本（相关零件维护费用）可减少50%。据此估算，每辆电动大客车每年可节省77万日元相关零件维护费用。

　　现有内燃机型大客车的二氧化碳排放量为0.61kg/km[1]。电动汽车行驶时不会排放二氧化碳，即使考虑发电时的二氧化碳排放，也可以减少约90%的二氧化碳排放。电动卡车的应用也值得期待。

　　客车电动化后不再产生废气和噪声，从这个角度看，将来可以乘车进入建筑物。这样一来，老年人和残障人士便可乘车进入车站、医疗场所、购物场所等，换乘也方便多了。全平低地板电动客车的引进，可以促进车辆自身和公共交通环境的通用设计，甚至改变整个公共交通行业。

　　将来，轮毂电机式电动客车必将迎来风口，以群马大学为主开发的小型8轮电动客车便是例证（图1.14）。这种车型非常适合市内环线和社区循环路线。

1）日本国土交通省 2009 年度数据。

图1.14　群马大学等开发的小型8轮电动客车

　　京都快速公交路线上已有采用轮毂电机的中国产大型电动客车投入运营（图1.15），曾引发广泛关注。这是一款中国比亚迪公司生产的型号为K9的量产车，已被世界90个城市引进，包括伦敦和波恩。可见，世界正在向电动化迈进。

图1.15　京都快速公交

　　K9长12m、宽2.5m、高3.25m、轴距6.1m、总质量19t，采用轮毂电机后轮驱动，电池容量324kW·h，充满电可以行驶250km以上。250km续航足以保证一天的市内行驶（日本），可以大大降低司机对传统电动客车续航能力的担心。第三方机构评价，K9的行驶成本是传统燃油汽车的31%、混合动力汽车的65%。

　　这款车为了满足日本法规要求，由原本国际标准宽度2.55m改成了2.5m宽。尽管世界上出色的车辆很多，但都碍于相关法规问题面临需要改造的残酷现实。即便如此，考虑到电动客车面向城市居民的环保设计，改装量产车以满足法规要求仍是当前最佳选择，比亚迪公司这一大胆创新值得称赞。

庆应义塾大学一直在研究低地板电动公交车的未来应用，包括普通快速公交车（图1.16）、社区公交车（图1.17）、双层客车（图1.18）等。利用传感器编组（图1.19）可以实现与有轨电车相当的载客量，有利于降低电车架空线和线路维护费用。

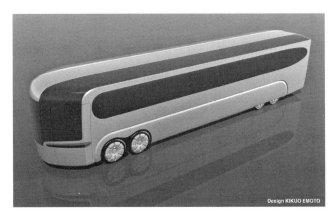

图1.16 庆应义塾大学研发的普通快速公交车

图1.17 庆应义塾大学研发的社区公交车

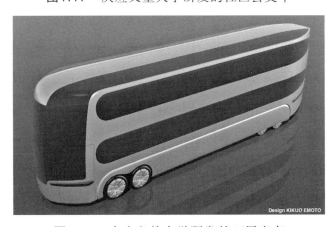

图1.18 庆应义塾大学研发的双层客车

· LRTT（轻量型路面运输）图像
· 高峰期连接行驶
· 非高峰期单独行驶
· 无需轨道就可以实现相当于有轨电车的载客量

图1.19　庆应义塾大学研发的传感器编组客车

1.6　未来的潜在应用

目前，轨道交通运营商及研究机构也在进行电池动力列车的研究，以推进客车及行驶于非电气化轨道区间的内燃机车的环保设计。鉴于此，为了提高能效，进一步提升车辆设计自由度，轮毂电机式电池动力列车研究也在进行中。在电气化轨道区间，架空线维护成本也在增加，支线引入电池动力车辆可以降低成本。如图1.20～图1.22所示，没有受电弓及架空线，仅靠电池动力行驶的轮毂电机式列车也是潜在应用之一。

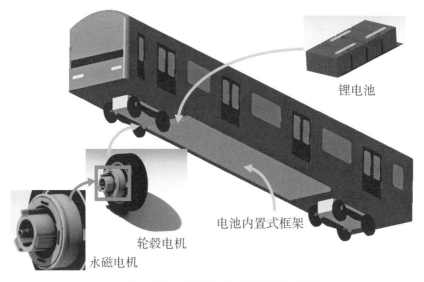

锂电池

电池内置式框架

轮毂电机

永磁电机

图1.20　电池动力列车的概念图

图1.21　电池动力列车（特快）

图1.22　电池动力列车（新干线）

此外，赛车领域也在逐步电动化。图1.23所示为获得了第93届派克峰国际爬山赛综合第2名的电动赛车"2015 Tajima Rimac E-Runner Concept_One"，其最大输出功率为1100kW，最大扭矩为1500N·m，它标志着超越燃油汽车性能的电动汽车出现。

图1.23　电动赛车"2015 Tajima Rimac E-Runner Concept_One"

　　电动汽车的问题在于"大、重、贵"。要想更小、更轻、更便宜，首先要在保证输出功率和转矩的前提下，缩小电机尺寸。从这个角度看，具备小型、高输出功率特征的轮毂电机有很大潜力，有助于充分利用车辆空间和通用设计。在赛车、客车及卡车等应用中，四轮独立控制技术需要比私家车更成熟，轮毂电机有巨大的应用潜力。

第2章
电机基础知识

本章是有着40年电机研发经验的本书第二作者远藤研二的电机物理杂谈，主旨是让读者了解电机从电磁学到控制特性所历经的漫长技术发展过程。

本书主题是轮毂电机，理解轮毂电机，首先要理解电机。本章以电机的基础知识为主，希望能帮助读者理解。

2.1 讨论对象和设计流程

2.1.1 讨论对象

广义上，将电输入转换为机械输出的装置都是电机。不过，这里不讨论直线电机和往复式电机。但是即便限定为旋转电机，其类型和规模也五花八门，面面俱到不利于电动汽车驱动系统的初学者。为此，作者缩小范围，只讨论永磁电机和感应电机。

电动汽车的电源是电池，是真正的直流电源。有刷直流电机是与直流电源匹配性最高的调速电机，其在电磁学方面的旋转原理很好理解，但它又大又重，效率低，最大的问题是它容易磨损，不适用于电动汽车驱动系统。因此本书不讨论有刷直流电机。

● 永磁同步电机

永磁同步电机是一种小型、轻量、高效的电机，常用于电动汽车及混合动力汽车的主驱动系统，本书会深入讨论其原理和设计流程。但是，支撑高性能的稀土类永磁体既脆弱又昂贵，这是所有设计师面临的重大挑战。另外，大多数电动汽车采用内转子电机，而直驱电机一般为外转子型。本书基本以内转子电机为主，只在最后提到外转子型转换课题。

● 鼠笼式感应电机

鼠笼式感应电机具有便宜、坚固、低脉动等优点，如果限定在高速区运转，其效率高过永磁电机。列车、电力机车大多采用这种电机，部分电动汽车也使用它。但是考虑到未来发展趋势，本书只介绍它的旋转原理，具体不作深入讨论。

2.1.2 永磁电机的设计要素

● 规　格

根据行驶模式计算负载曲线，确定连续额定值、瞬时最大值，留意过热导致缓慢卡死、永磁体退磁导致瞬时卡死。设计前先检查电池所能提供的电压、电流和电机速度、转矩是否匹配。

● 体　积

电机外径和长度受安装空间限制。电机能够合理安装在车身内部狭窄空间中是最重要的，须充分考虑电机结构和材料，实现转矩和效率。根据电机常数估算电机空心圆柱的体积，结合空间约束，确定电机极数。

● 相　数

家用小型交流电机有单相、两相的情况，但工业电机大多为高性能三相，电动汽车驱动电机也不例外。不过，追求低脉动及耐久性时也可能选择五相、七相或更多相。

● 极　数

与电源频率固定的商用设备不同，电动汽车驱动电机极数具有任意性。多极化可以减薄磁轭部分，降低永磁体退磁风险，但伴随的是驱动频率提高、铁损增大、磁极位置检测精度下降，导致旋转不稳定等。

● 槽　数

槽数取决于绕组类型，考虑是集中式还是分布式，是单层还是双层，每极每相槽数取多少，是否采用分数槽绕组以获得低脉动等。分数槽可以有效降低转矩脉动，常见于风力发电机等。

● 材　料

铁心应具备足够支撑电机结构的强度、刚度，磁通量易通过，铁损低，且有着优良的加工性。线圈导体除了铜芯材料，更应关注涂层的耐压性、耐热性。如果逆变器浪涌窜到电机侧，应对浪涌也是问题。至于永磁体，本章会先讨论稀土元素，再具体介绍特性与设计。

● 控　制

假设采用可变电压、可变频率（VVVF: variable voltage and variable frequency）逆变器驱动。本章会介绍利用电池电压的波形生成方法，以及如何在限定电压、电流下实现最大转矩控制。

2.2　电机规格的确定

2.2.1　负载曲线的计算

与其他工业电机相比，电动汽车用的电机负载状态多种多样。电池电压和周围温度不断变化，负载状况也会因路况和驾驶员操作的不同而不同。由此可见，电机设计首先要确定标准行驶模式。

每个国家都有自己的标准行驶模式。日本JC08模式是典型城市行驶模式。但是，这种行驶模式是按平地行驶制定的，没有考虑爬坡增加的负荷。

JC08是一个表示每秒速度的数据点序列，大约由1200个点组成。通过在Excel上进行简单处理，可以由相邻两点速度差得到加速度的点序列数据。图2.1所示的速度数据中，横轴为点序列，纵轴为速度（km/h），平均速度为24.4km/h。图2.2所示的加减速度数据中，横轴为点序列，纵轴为加减速度[km/(h·s)]，最大加速度为0.18g。

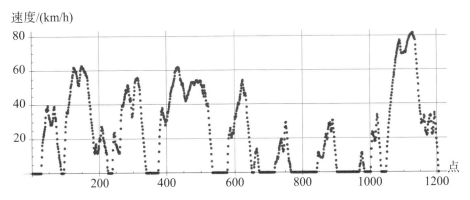

图2.1 JC08行驶模式的点序列（速度）数据

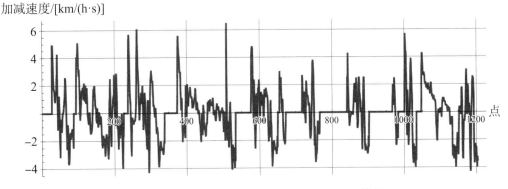

图2.2 点序列的变化率（加减速度）数据

作用于车身的力有摩擦力、空气阻力、惯性力、坡度阻力。摩擦力仅取决于车身质量，不受到速度和加速度影响；空气阻力取决于速度；惯性力与加速度成正比；坡度阻力由车身质量和坡度决定。根据行驶模式下的速度、加速度点序列数据，计算出作用力的点序列数据，即可换算出电机速度和转矩：

$$F = \mu \cdot W \cdot g + \frac{1}{2} \cdot C_d \cdot S \cdot \rho \cdot V^2 + \alpha \cdot W + W \cdot g \cdot \sin\theta \qquad （2.1）$$

式中，F为行驶负荷；μ为摩擦阻力；W为车身质量；C_d为空气阻力系数；S为正面投影面积；ρ为空气密度；V为车速；α为车辆加速度；g为重力加速度；θ为坡度角。

计算过程如图2.3所示。但是电机上还有许多附加损耗，想要进行精确计算，就不能仅仅依赖这些简化公式，而要使用正确的损耗图。表2.1给出了代表性车身数据，除了负载损耗，还要考虑电池电压、环境温度的不规则性，这是汽车电机设计的难点，决策过程非常复杂。

V_c: 车速（km/h）

A_c: 加速度[km/(h·s)]

W_c: 车身质量（kg）

D_t: 轮胎直径（m）

μ: 滚动阻力系数

C_d: 空气阻力系数

S_f: 正面投影面积（m²）

ρ: 空气密度（kg/m³）

N_w: 驱动轮数

A_u: 坡度角（deg）

$a = V_c \times 1000/3600$（速度，m/s）

$b = 1/2 \times C_d \times S_f \times a^2 \times \rho$（空气阻力，N）

$c = W_c \times g \times \sin A_u$（坡度阻力，N）

$d = W_c \times g \times \mu$（滚动阻力，N）

$e = W_c \times A_c \times 10^3/60^2 + b + c + d$（行驶阻力，N）

（再生时A_c为负，第1项乘以再生率）

$f = e \times D_t/2/N_w$（电机转矩，N）

$g = V_c \times 1000/60/D_t/\pi$（转速，r/min）

由左栏的基本数据和行驶模式的点序列数据算出右栏的电机速度与转矩。另外，标准行驶模式假设道路平坦，爬坡模式则由厂商决定

图2.3　根据行驶模式进行电机速度与转矩换算

表2.1　代表性车身数据

项　目	数　值	项　目	数　值
车身质量 /kg	1500	空气密度 /（kg/m³）	1.2
轮胎直径 /m	0.58	线圈电阻 /mΩ	12
正面投影面积 /m²	2	空载损耗常数 /[W/（r/min）]	0.5
滚动阻力系数	0.005	转矩常数 /（N·m/Arms）	1.6
C_d值	0.2	驱动轮数	4

图2.4所示为0°坡度角的电机速度与转矩特性（JC08模式）。根据行驶模式的点序列，工作点的点序列显示的负载分布与工业电机大不相同。按照产生顺序连接点序列数据，会发现虽然绕中央旋转，但偶尔会跳到远处。

克服坡度阻力，就得到图2.5所示的24°上坡时的电机速度–转矩特性。

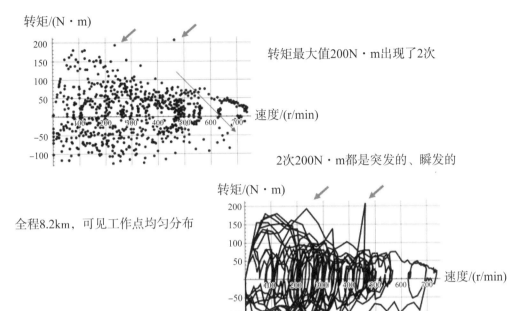

转矩最大值200N·m出现了2次

2次200N·m都是突发的、瞬发的

全程8.2km，可见工作点均匀分布

图2.4 JC08模式下的电机速度–转矩特性

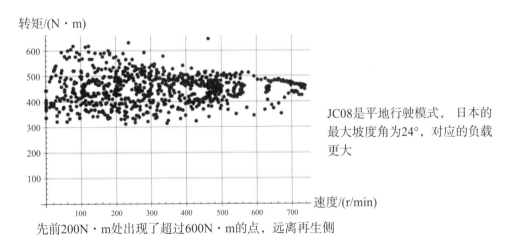

JC08是平地行驶模式，日本的最大坡度角为24°，对应的负载更大

先前200N·m处出现了超过600N·m的点，远离再生侧

图2.5 24°上坡时的JC08电机速度–转矩特性

而24°下坡时的电机速度-转矩特性如图2.6所示，所有点位于负转矩侧，电机自始至终都工作于发电机状态。

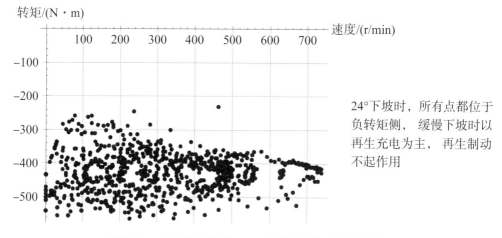

图2.6　24°下坡时的JC08电机速度–转矩特性

2.2.2　额定值的确定

掌握时刻变化的电机负荷后，确定几个代表性的负荷点，就可以开始电机具体设计，制作原型机。针对负荷变化不断进行实验，以确定恰当的额定值。

这抬高了电机厂商涉足汽车驱动电机的门槛。不了解具体使用环境的通用电机厂商，除了遵守既有标准，还要提供一定的似然性。另一方面，车用电机即使存在过热或磨损部分，但在经详查的负载曲线下与汽车寿命一致就无问题，据此确定电流密度、磁通密度、电机结构。最近电机技术创新在一定程度上是由汽车行业推动的，正是根植于需求导向的设计思路。

负载模式可以归纳为连续额定和瞬时最大两种，参见表2.2。

表 2.2　电机的连续额定值和瞬时最大值

项　目	数　值	项　目	数　值
标称电压 /V	288	最高转速 / (r/min)	450
最高电压 /V	330	额定转矩 / (N·m)	150
最低电压 /V	240	最大转矩 / (N·m)	700
额定输出功率 /kW	25	最大转矩转速 / (r/min)	900
最大输出功率 /kW	60	额定电流 /Arms	90
基速 / (r/min)	90	最大电流 /Arms	450

按照部分汽车行业和电机行业惯例记录更易测量的电池电压，而非电机端子电压。最高电压和最低电压取决于电池特性，但考虑到运行模式和老化等因素，标称电压一般由电机厂商选定。这里选用24串12V电池，电压典型值为288V。电池电压经逆变器交流化后施加到电机端子，受脉冲宽度调制、空载时间、电阻

压降等影响会有不同程度下降。图2.7所示为包含连续额定值和瞬时最大值的电机速度-转矩特性。

图2.7给出了JC08模式下点序列数据的平均速度和平均转矩，这是不考虑权重的单纯平均，不可能与电机特性完全一致，但可以反映汽车在相当轻的负荷下行驶时的特性。

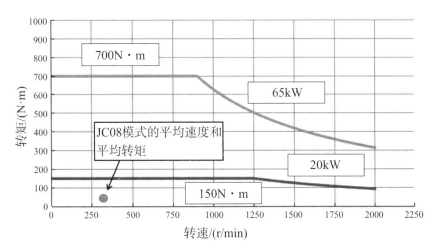

图2.7 包含连续额定值和瞬时最大值的电机速度-转矩特性

不论是额定值还是最大值，规范做法都是先确保电磁系统是可行的，然后确保热系统在连续额定值下能够持续承受热应力，且不会在瞬时最大值下过热而出现重大故障。要特别注意永磁电机对热磁体施加反向磁场，会导致不可逆的退磁，从而使电机性能受损。

2.2.3 理想动力装置

在此必须称赞一下电机在汽车驱动方面的功效。如图2.8所示，行驶模式表现出的电机特性需求是在低速区保持恒转矩，达到一定速度后过渡到恒功率。而在驾驶员看来，均匀地、毫不费力地提速到某个速度，之后以双曲线的方式减小转矩，转为逐渐加速，这是很自然的。内燃机速度-转矩特性完全不满足这个要求，必须通过变速器调整特性。内燃机作为汽车发动机还存在不能自启动、不能反转等问题，要通过启动器或者反转齿轮等附属装置加以辅助。

如后文所述，电机本身具有恒转矩、恒功率的混合特性，不需要设置变速器等，直接驱动或者安装一级减速装置就能实现行驶模式的期望特性，是十分理想的驱动装置。

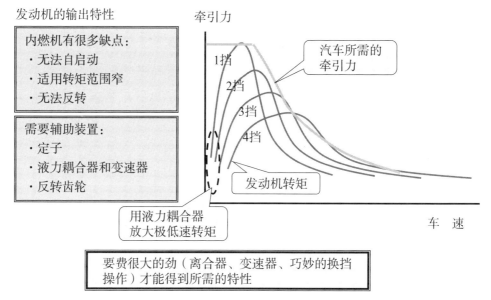

图2.8　发动机的输出特性

2.2.4　温度滞后元件

关于额定转矩和最大转矩有必要作进一步说明。抛开在最大转矩点可能瞬时产生永磁体退磁不说，在额定转矩运转的电机过渡到最大转矩，稍作停留，再回到额定转矩时，温度变化是判断电机能否运转的重要因素。由图2.9可知，系统达到连续额定值的平衡温度，以一阶延迟逼近最大额定值的平衡温度，经过规定时间后再以一阶延迟返回连续额定值，这对电机的伤害是一个争议点。延迟是一个常见于各种事件和控制理论的重要概念，下面以此为契机对一阶延迟展开讨论。

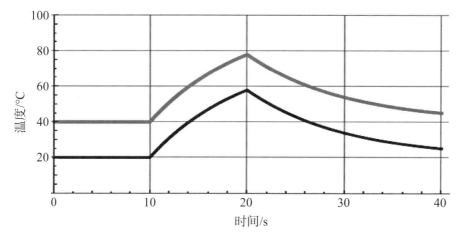

1.不同初始温度的短时负荷下的温度变化

2.大多数情况下，急剧负荷变化的温度响应为一阶延迟

图2.9　一阶延迟的温度变化

2.2.5　一阶延迟

一阶延迟表现为"与目标距离成正比的逼近努力"。目标越远，越努力逼近，随着目标越来越近，逼近速度放缓，这是人和物体普遍可见的特性，电机温度也是如此。

举例说明，如图2.10所示。某男想1年攒100万元，于是开始努力存钱。但随着距目标金额越来越近，存钱积极性越来越低。比如，存够一半时，存钱速度也降至一半。如此一来，存最后1元将耗时100万年。保持最初速度则可1年存够钱，这个时间就是"时间常数"。

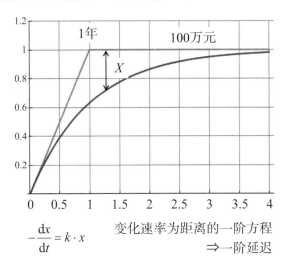

1. 某男子想1年攒100万元，于是开始努力存钱
2. 随着距离目标金额越来越近，存钱积极性越来越低
3. 例如，存到一半时存钱速度减半
4. 如此一来，存最后1元将耗时100万年
5. 逼近努力 ∝ 与目标的差
6. 很多物理现象都是遵循这样的规律

$$-\frac{\mathrm{d}x}{\mathrm{d}t} = k \cdot x$$

变化速率为距离的一阶方程
⇒一阶延迟

图2.10　一阶延迟的通俗理解

以距目标的差额作为变量，建立负微分方程，便可得到定解：

$$-\frac{\mathrm{d}x}{\mathrm{d}t} = \frac{1}{T} \cdot x \qquad (2.2)$$

式中，x为距目标的差额；T为时间常数；$-\mathrm{d}x/\mathrm{d}t$为差额减小速率，即存钱的努力程度。

数学解为

$$x = \exp\left(-\frac{t}{T}\right)$$

存款金额为

$$100万元 \times \left[1 - \exp\left(-\frac{t}{T}\right)\right]$$

接下来看采取与努力接近相反的行动，如图2.11所示。某男带着100万元进入拉斯维加斯，因为输钱想要挽回损失就投入了相应资金，后来又输了，想要一次性挽回就要下注更多的钱，接着再输……钱输光了之后，他开始借钱下注。按照与原来持有的钱的差额，背离速度加快，他最终背负了将近100亿元的负债。这也是一阶延迟，只是符号相反，结果截然不同。将微分方程由负转正，可以得到定解。

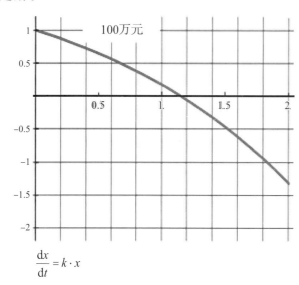

1. 某男带着100万元进入拉斯维加斯
2. 亏损了一些，想要挽回损失就投入了相应的资金
3. 又输了，想要尽快挽回损失，就下注了更多的钱
4. 又输了……
5. 钱输光了之后，开始借钱下注
6. 又输了……
7. 按照与原来持有的钱的差额，背离速度加快，他最终背负了将近100亿元的负债

$$\frac{\mathrm{d}x}{\mathrm{d}t} = k \cdot x$$

图2.11　发散的一阶延迟

以上微分方程虽有正负之别，但都在实数范围内。当微分方程系数为虚数，行为会变得更复杂。虚数表述为"左转90°"算子，以图2.12为例，一个人优柔寡断、反复无常，在完成100万元的目标之前，既未持续努力，也没有把钱全部输光，而是钱攒多了就花掉一些，钱少了就存一些。

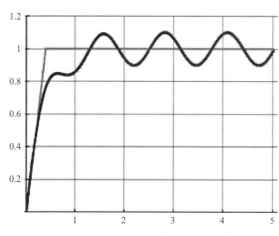

1. 也有围绕目标振动的情况
2. 具有拉普拉斯变换分母的高级公式具有虚数解
3. 虚数是逆时针旋转90°的算子
4. 用人的性格来打比方，就是优柔寡断、反复无常，既不朝着目标前进，也不背离目标
5. 就这样持续下去……

图2.12　振动的一阶延迟

2.3　电磁学

2.3.1　归纳和演绎

电机设计师只要理解电磁学简易定理，就可以工作。但涉及电机创新或者原因不明的故障处理时，还是要精通电磁学。下面从"归纳和演绎"的角度来讲解。

如图2.13所示，归纳是从各种事件中抽象出基本原理并将其一般化的过程，牛顿和爱因斯坦等的伟大成就便属于归纳。演绎则与归纳相反，是在已确立领域，如结构力学、热力学、流体力学、经济学等，学习成果并应用，汽车制造便属于演绎。归纳工作者得到的报酬是名誉，而演绎工作者得到的报酬是金钱，多少有些功利性。只有将透过现象抽象原理的理学过程，与结果导向的工学过程结合起来，才能真正为社会提供创新产品。

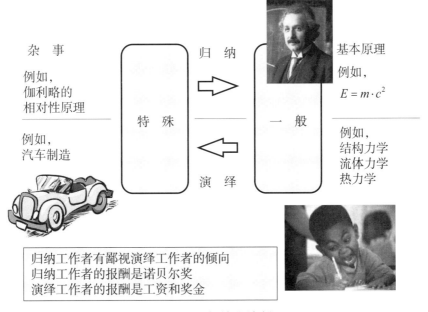

图2.13　归纳和演绎

2.3.2　追溯麦克斯韦

摩擦产生静电、磁铁产生磁场，自古就为人们所知。在很长一段时间里，电和磁一直被认为是独立的现象。后来磁被用于罗盘，但直到近代人们也没有完全理解电和磁。直到17世纪左右，电和磁的性质才变得清晰，越来越多地用于机械能与电能的相互转换。实现这种相互转换的能量转换装置便是发电机和电动机。

发电机和电动机略有差别，本应分开设计，但它们有许多共同点，两者兼用的设备也不少。

2.3.3　麦克斯韦方程组

电和磁密切相关，形成了统称为电磁学的领域。19世纪中期，出生于英国的物理学家麦克斯韦，根据许多电和磁现象归纳出电磁学，如图2.14所示。

电和磁的各种现象在18世纪以后相继问世，到19世纪中期已积累了无数个实验事实

物理学家麦克斯韦从它们中间选取了独立的4种现象，用微分方程表示它们

除了电磁方程，"麦克斯韦的恶魔"也很有名。"恶魔"在壁穴内布阵，根据速度选择通过的气体分子，便可不费吹灰之力分离冷热气体。也就是说，它打破了热力学第二定律

安　培

麦克斯韦　　　　　法拉第

图2.14　电磁方程的诞生

麦克斯韦电磁方程的要义如图2.15所示。式中矢量算符"rot"和"div"分别表示"旋度"和"散度"。以"旋度"为例，它可以看作绕地铁环线行驶一

$$rotH = J + \partial D/\partial t$$
$$rotE = -\partial B/\partial t$$
$$divD = \rho$$
$$divB = 0$$

H：磁场强度　　B：磁通密度
E：电场强度　　J：电流密度
D：电通密度　　ρ：电荷密度

乍一看便觉得是个奇妙的方程组。体现（安培）电流定律、（法拉第）电磁感应定律、（高斯）散度定理的4个公式，有5个变量（D、E、J、B、H），不易解。加上概括导体、电介质和磁性体的物理性质的3个公式（$I = \sigma E$，$D = \varepsilon E$，$B = \mu H$），又会导致公式过多

虽然它是数学上不确定或不可能的方程组，但在赋予其物理性意义的同时给出边界条件去求解，可以解释身边所有电磁现象。结合相对论和量子理论的量子电动力学，甚至连基本粒子的行为都能以高精度（10万亿位小数）处理，被视为人类的最高理论

图2.15　麦克斯韦电磁方程

圈过程中沿轨道方向施加的加（减）速度之和。开始时的速度与结束时的速度之差理应为0，但根据麦克斯韦方程，如果取加（减）速度为磁场强度时，那么它与贯通圆周的电流（传导电流和位移电流之和）一致。"散度"更简单，可以看作布袋中的水在一定时间内的渗出速率。麦克斯韦方程第3式描述的是，如果渗出的是电通量，那么散度是一个有效值，它与布袋内的电荷量一致。而第4式指出，如果渗出的是磁通量，那么渗出与渗入达到平衡，散度始终为0。换句话说，无论大小，磁极总是成对出现，不可能以单极存在。如果在宇宙中发现了1个单独的N极或S极，那么麦克斯韦方程就不成立了。

2.3.4　磁矢位的导入

不利用矢量算符rot和div，以正交坐标系描述麦克斯韦方程，就成了8元联立偏微分方程，它不是用纸和笔可以计算出来的。先辈们为了实现所谓"数"的理解，对其进行了大幅简化。一种典型措施是除去边界，处理无限空间。另一种措施是进行变量变换，简化公式。为此，导入磁矢位A，如图2.16所示，这个变量是真实存在的，在电子的反物质——正电子上也能见到。

假设一个旋转后变为B的辅助变量A（磁矢位）

$\mathrm{rot}A \equiv B$

这样，散度公式自动成立。回到定义旋度公式的泊松方程，离散化后便可解开

$\mathrm{div}B = \mathrm{div}\,\mathrm{rot}A \equiv 0$　　散度公式自动成立

$\dfrac{\partial^2 A}{\partial x^2} + \dfrac{\partial^2 A}{\partial y^2} = -\mu \cdot J$　　只有泊松方程能解开的对象

A原本是虚拟量，现在通过实验证实了它的存在

图2.16　电磁场分析的计算原理

磁矢位值的"旋度"便是磁通密度。磁矢位原本是一个难以言明的物理量，导入它之后麦克斯韦方程组第4式自动得到满足，即磁通密度的散度为0，公式得到简化。另外，解决二维问题时，A本身是一维标量，有降维效果。这种效果非常显著，简化后的公式大多可用纸笔求解。

A的含义较难理解，但当右式刚好为0时，如图2.17所示，展示的正是物理量情况。换言之，空间中的某点A不过是周围点的平均，和世间事物及人类的思想相似。因此，直到导入A，很多物理学家才感觉到深奥的电磁学其实就在身边。

大多数电磁分析软件将A作为未知变量构建矩阵，并通过在分析域边界上赋予A适当的约束条件，也就是边界条件来求解。这里省略具体细节，但磁通量无法通过A为固定值的边界；反之，磁通量可以垂直通过未定义A的边界。前者被

当右式为0时，称为拉普拉斯方程
很多物理量都是根据这个方程定义的，为什么呢？

$$\frac{\partial^2 A}{\partial x^2}+\frac{\partial^2 A}{\partial y^2}=0$$

A_3
d
A_1
d
d
A_2
A
d
A_4

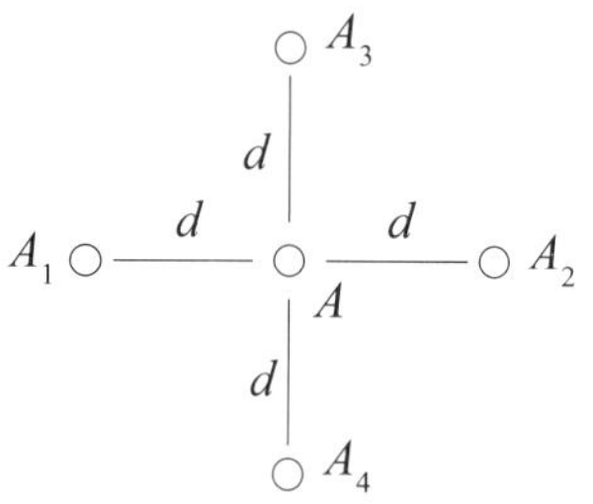

如果用左图的值来表示拉普拉斯方程，有

$$\frac{\dfrac{A_2-A}{d}-\dfrac{A-A_1}{d}}{d}+\frac{\dfrac{A_3-A}{d}-\dfrac{A-A_4}{d}}{d}=0$$

展开后得到下式：

$$A=\frac{A_1+A_2+A_3+A_4}{4}$$

其实很简单，某个点的值不过是周围点的值的平均，
无电荷的电场、无电流的磁场也是这样的

图2.17　拉普拉斯方程的含义

称为固定边界（诺依曼边界），后者被称为自然边界（狄利克雷边界），限定区域分析要通过正确预测边界属性来决策。

对于A的含义，如图2.18所示，把A看作从纸张正面吹向背面的风，纸面上布满了轴向卧倒的由两个相向的杯子组成的风速计，其旋转轴的方向随风转动。A吹起来时，风速计旋转，旋转轴指向某个方向。若将此时的转速看作磁通密度，将轴向看作磁通量的方向，则rot $A=B$。如果在某边界上，A的所有值皆为常数（固定边界），则在边界上有两旋转轴垂直于边界的风速计绝不会旋转。也就是说，磁通量无法出入边界。反过来，如果边界上未指定A（自然边界），一般只有两个边界上的风速计会旋转，其他风速计由于1个风杯处于边界外的未定义区域不会旋转。也就是说，磁通量仅仅垂直进出边界，不具备其他成分。

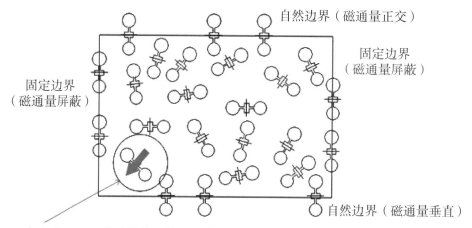

自然边界（磁通量正交）
固定边界
（磁通量屏蔽）
固定边界
（磁通量屏蔽）
自然边界（磁通量垂直）
定义式rot$A=B$表达的是，将因垂直吹向纸面的A而旋转的风速计轴向转速设为B。
有限元法一般先求取A，然后求取B。直接求取B的尝试全都失败了

图2.18　磁矢位的含义和边界条件

2.3.5 麦克斯韦方程的缺憾

麦克斯韦方程被誉为人类智慧的最高成就，但仍未令人完全信服。例如，电和磁的不对称性。第1式、第2式虽然形似，但第1式中有电通量密度的时间微分，第2式没有。第3式、第4式也形似，但如图2.19所示，一方的右式是电荷物理量，另一方为0。

电通量发散处肯定有电荷 | 磁通量肯定闭环，其来源不可能是单极磁荷

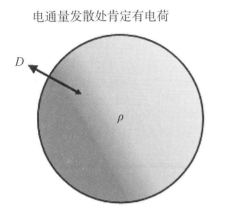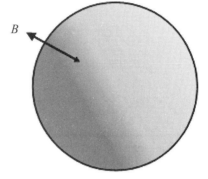

第3式和第4式基于旋度，由于与电荷ρ相对应的单极（仅N或S）磁荷ρ_M实际不存在，所以没有形成完美的对称

图2.19　散度定理

虽然说散度定理"怪"，但电磁学是经验定理，只展示了如何怪，却没有说为什么怪。因此，就算知道"怪"，也只能囫囵吞枣地接受。此外，电导率、电容率、磁导率是物质内部的微观现象，最初产生于量子力学，只是由既有装置测出了宏观典型值，以至于让人产生"这就是定理"的草率想法。

自麦克斯韦确立电磁方程以来，人们从现实中提炼出许多规律。光是一种电磁波，时间和空间是耦合的（狭义相对论）等，都是这方面的代表。但到现在人们也没能完全领会麦克斯韦方程组的奥义，全球英才不断给出新解释。长期以来，人们一直无法解决带电基本粒子附近电场强度趋于无限大这一奇点问题，但朝永振一郎博士等的"重正化理论"解决了这个问题，量子电动力学就此诞生。

2.3.6 麦克斯韦方程无法解释的现象

前面讲到了麦克斯韦方程之怪，除此之外还有一些用常识无法解释的现象。

如图2.20所示，当同极性点电荷以一定间距放置时，根据库仑定律，它们会相互排斥。电荷移动表现为电流，从笔者的角度看，电流似乎在同一方向上流动。另外，同向电流会因磁场相互吸引，因此这些移动的点电荷应该相互吸引。电场产生排斥力，排斥力又转成了吸引力。

图2.20　会根据观察者的视角而变化的现象

2.3.7　小　结

① 在原子世界，正负电荷几乎零距离面对面，如果应用经典电磁学，它们会无限发散。

② 实际上，每个基本粒子周围都有许多转瞬即逝的无法观测的带电粒子，中和了本应发散的电场。

③ 这一理论被称为量子电动力学，费曼和朝永振一郎等提出重正化理论，计算精度高是基本粒子物理学的最大成果。

④ 麦克斯韦方程采用微分形式，但它不适用于过于微观的世界，并不完美。

⑤ 即便是相同现象，观察者视角不同，解释也不尽相同。

⑥ 麦克斯韦方程是经验定理，回避了相对论和零点问题，是不完善表述。请谨记下一节涉及的衍生简化方程潜在的漏洞。

电、磁等量是在牛顿力学主导世界之后出现的,它们的单位都是根据作用在其身上的力定义的。因此,只要找到麦克斯韦方程中的电、磁等量,就可以将其效应转化为力,从而表现为机械设备性能。然而总要返回基本方程来求解太烦琐,于是很多简化方程相继出现。电机原理由磁通量和电流相互作用产生的洛伦兹力来解释,而发动机原理则用磁场中运动导体产生的反电动势来解释。

2.4.1 洛伦兹力

在实际电机中,线圈放置在铁心槽中,对应流入铁心的磁通量和线圈中的电流,可以得到对应洛伦兹方程第2项的电磁力(图2.21)。然而,磁通量只流过铁心,不会流入槽中线圈。洛伦兹力只给出了电磁力大小,并不能解释实际现象。

$$f = \rho \cdot E + j \times B$$

第1项是作用于电荷的电场,也就是所谓的库仑力
第2项是作用于磁场中的电磁力(电流的外积),遵循弗莱明左手法则
这里提到的物理量的单位是由作用力决定的。如果ρ和j已知,通过解麦克斯韦方程组得到E和B,那么便由这些量的定义唯一确定了洛伦兹力

f:电磁力
ρ:电荷密度 E:电场强度
j:电流密度 B:磁通密度

图2.21 洛伦兹力

电机转矩的产生可以简单解释为"电流×磁通量"。如图2.22所示,磁通量路径和电流路径一般存在于不同空间(如铁心和线圈),并不像外积符号那样"相交"。力按照方程直接作用于导体时,会导致线圈本身损坏。

作用于磁场中架空线上的力正是洛伦兹力,与嵌在铁心中的导线的情况不同

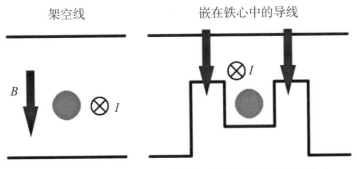

架空线   嵌在铁心中的导线

洛伦兹力作用于导体   对应转矩的洛伦兹力作用于铁心,
                      如果作用于线圈,则会损坏电机

图2.22 电磁力作用在哪里

洛伦兹原本定义的是作用于空间悬浮电荷的力，这里是将电荷移动看作电流进行方程扩展，只测量数值时非常方便。洛伦兹方程的第2项是外积，如图2.23所示，来自太阳的等离子体风与地球的磁力线纠缠，并在洛伦兹力作用下绕过磁力线到达两极。这种等离子体与大气碰撞时释放可视光的现象，就是极光。

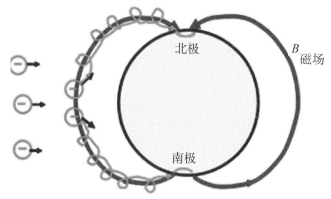

1. 电子沿磁场移动，在两极附近降至地球上
2. 带电粒子形成的太阳风直接登陆地面会破坏生物体
3. 与碰巧存在的地磁的磁力线纠缠，至两极落下。它与空气分子碰撞并发光，就形成了极光
4. 正是洛伦兹力的外积效应，形成了生命保护系统

图2.23　洛伦兹力的外积效应

径向磁场和轴向电流产生周向电磁力，为电机制作提供了便利。

"对齐"就是指内积，两个向量方向一致时内积最大，是向量长度的乘积。外积的情况完全相反，两个向量方向成90°时最大，方向一致时为0。

2.4.2　弗莱明定则

洛伦兹方程中的外积表达式很容易搞错方向。为了准确无误地确认电流、磁通量、力的方向，弗莱明提出了定性的简易定则。如图2.24所示，左手的大拇

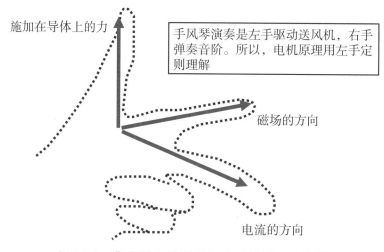

施加在导体上的力

手风琴演奏是左手驱动送风机，右手弹奏音阶。所以，电机原理用左手定则理解

磁场的方向

电流的方向

图2.24　弗莱明左手定则是电机转矩产生之源

指、食指、中指互成直角，分别代表"电""磁""力"，即电流、磁场、力的方向，便可解释电机的原理。类似的，用右手三根正交的手指分别表示施加电压、磁场、力的方向，就能解释发电机的原理。

2.4.3 简化定则的注意点

表示转矩的$B \times I$定则、表示电压的$B \times V$定则都非常实用，但必须了解应用限制条件。如图2.25所示，在推导右手定则的过程中要注意，产生电压的导体是运动的，但电压测量部分是静止的，如果测量部位随导体运动，将无法观测电压。

反电动势才是根，为方便起见，在电机中多作变压器电动势用

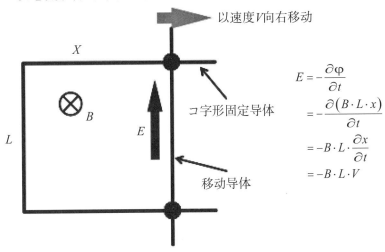

图2.25 反电动势定则的推导

如图2.26所示，科幻作品《海底两万里》中，"鹦鹉螺"号潜艇从地磁场和地球自转中获得了永恒能量。实际上潜水艇也随地球自转而动，无法获得电压。

导体在"均匀磁场"中运动会感生电动势。如果磁场随着导体移动而变化，除非采取相应措施，否则无法获得正确的电动势。这同样适用于描述电机原理的左手定则，如果磁场随着电机旋转而迅速变化，即便施加其他力，弗莱明定则也不会简单成立。设计游标电机等低速大转矩特殊用途电机时，有时会利用偏离弗莱明定则的转矩产生原理。这是一种高超设计手法，超出了本书的范畴。

另外，电机用左手定则，发电机用右手定则，可以想象一下手风琴，驱动送风机的左手是电机，弹奏旋律的右手是发电机。

电影中"鹦鹉螺"号的尼莫船长发明了一种未知的能源。某个国家为了窃取这一秘密，将尼莫船长的妻儿拷打致死。为此，尼莫船长进入海底世界，建造"鹦鹉螺"号，接连击沉了地表世界的军舰……

这种能量，是一种随着地球的自转，高速移动的金属棒垂直竖起，与地磁相交后在上下方向产生的反电动势……到底是对是错？

图2.26　"鹦鹉螺"号潜艇的动力源是不存在的

2.4.4　其他简易定则

　　其他简易定则还有求取电流在弯曲导体中流动时的磁场的毕奥·萨伐尔定律（图2.27）。在电机方面，粗略估计空中导体中的电流在周围形成的磁场，判断施加于周围结构上的力和损失是否合适，这个定律非常好用。

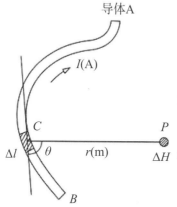

$$\Delta H = \frac{I \cdot \Delta l \cdot \sin\theta}{4 \cdot \pi \cdot r^2}$$

1. 计算出局部导体电流形成的磁场。利用积分可以计算出任意路径的电流产生的磁场

2. 它只在空心时成立，在带铁心的旋转电机中应用并不广泛，但适用于线圈端部弯曲方式的研究

图2.27　电流产生的磁场（毕奥·萨伐尔定律）

2.5　电机的体积

　　电机能量转换是在气隙中完成的，洛伦兹原理集中体现于此，产生切向牵引力。如图2.28所示，气隙部分单位表面积的洛伦兹力是径向磁通密度和轴向电流存在密度遵循弗莱明左手定则通过外积产生的轴向力。电流存在密度与表示单位

导体截面积电流量的电流密度不同，它是用轴向总电流（导体电流×总导体数）除以气隙周长得到的值。电流存在密度被称为电负荷（A_1），磁通密度被称为磁负荷（B_1），这些都是表示电磁力的重要物理量。

电负荷（A_1）的定义

气隙部分单位周长的总电流

在周长5cm的气隙范围内有44根导体，当每根导体的电流有效值为1（Arms）时，电负荷为5×1/0.05＝100（Arms/m）

磁负荷（B_1）的定义

气隙磁通密度的平均值

当气隙磁通密度呈峰值为1.4T的正弦波分布时，磁负荷为2/π×1.4＝0.89（T）

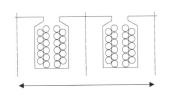

电磁力（F）

气隙单位面积的切向力

A_1和B_1之积，本例为100×0.89＝89（N/m²）

图2.28　电负荷A_1和B_1磁负荷B_1之积产生轴向电磁力

磁负荷可以用磁通密度代替，但磁通密度是纯物理量，而磁负荷是表示转矩产生性能的名称，两者是有区别的。A_1和B_1决定了气隙单位面积的切向电磁力，也决定了电机的紧凑性。A_1、B_1都受到材料及结构的很大制约，想让电机小一点，就要尽量加大A_1、B_1。

2.5.1　电机常数

电机设计的出发点是确定气隙直径和铁心长度。电机常数C_1是由额定功率、额定速度、气隙直径、铁心长度定义的转矩密度指标，反之，由过去的统计数据预测C_1，可以计算出产生特定转矩所需气隙部分的面积。

$$C_1 = \frac{S}{n \cdot D_i^2 \cdot L_c} \qquad (2.3)$$

式中，S为视在功率（kV·A）；n为转速（r/min）；D_i为定子内径（m）；L_c为定子铁心长度（m）。

也就是说，设气隙直径为D_i，铁心长度为L_c，那么$D_i^2 \cdot L_c$是已知的，但相对于2个未知变量D_i和L_c，一个方程就不够了。在许多情况下，电动汽车驱动电机的D_i和L_c受限于安装性。如果D_i和L_c没有限制，则可以根据散热条件和制造条件，按经验确定极距和铁心长度之比，即扁平度指数，定为电机常数 C_2，通过二元联立方程求解 D_i 和 L_c，这种方式多见于商用设备。

$$C_2 = \frac{L_c}{\tau p}, \quad \tau p = \frac{\pi \cdot D_i}{np} \tag{2.4}$$

式中，τp 为极距（m）；np 为极数。

统计成品的 C_1 和 C_2，如果未知数的数量和方程数量一致，就可以计算出唯一的 D_i 和 L_c。

$$D_i = \sqrt[3]{\frac{S \cdot np}{C_1 \cdot C_2 \cdot \pi \cdot n}}$$
$$L_c = C_2 \cdot \tau p \tag{2.5}$$

不过，C_2 不太受重视，往往没有统计。在这种情况下，只能根据 C_1，以 D_i 和 L_c 的关系式为线索，寻找合适的值。

另外要注意，转矩是切向力和半径的乘积。过去，将电机常数 C_1 理解为单位面积的电磁力：

$$C_1 = \frac{S}{n \cdot D_i^2 \cdot L_c} = \frac{S}{n} \cdot \frac{1}{D_i} \cdot \frac{1}{D_i \cdot L_c} \tag{2.6}$$

还可以将其理解为电机每旋转 1 圈通过气隙的能量。

$$C_1 = \frac{S}{D_i^2 \cdot L_c \cdot n} = \frac{S}{n} \cdot \frac{1}{D_i^2 \cdot L_c} \tag{2.7}$$

磁主要存储在气隙部分，而铁心本身是低磁阻构件，无法保存磁能。尽管如此，由式（2.7）可知，能量通过的铁心体积由气隙直径和铁心长度决定。磁能究竟存储在哪里，又释放到哪里？

现在，电机常数 C_1 代表电机紧凑性，对应电负荷 A_1 和磁负荷 B_1 的乘积。磁负荷 B_1 受制于磁性材料饱和磁通密度，不会因电机尺寸不同而有太大变化，但通过降低不必要损耗、高效散热可以增大电负荷 A_1。包含 A_1 在内的 C_1 是各电机厂商的机密，经验证的 C_1 值高低直接关系到产品的竞争力。笔者之一的远藤研二任职电机制造公司 30 多年里，中型工业电机的 C_1 翻了一番，主要归功于耐热、耐压性能优异的绝缘材料，其次是散热技术发展。永磁电机中永磁体的矫顽力也得到强化。一般来说，电机的最小尺寸是通过永磁体最大磁能积的倒数来确定的，故而电机厂商争相采用高性能永磁体。

最后介绍Werner Nürnberg的著作（*Die Asynchronmaschine*）中的C_1例子，见表2.3。虽然电机分类众多，且C_1数值范围很大，但确有启发性。例如，如果散热量与表面积成正比，损耗与体积成正比，那么根据幂次法则，当然是越小的电机越容易冷却，但事实相反，采用精妙散热结构的大型电机反而更容易散热。

表 2.3 不同机型的电机常数比较

电机类型	电机常数 C_1
采用铁氧体永磁体的全封闭小型电机	0.6 ~ 1.2
采用稀土类永磁体的全封闭小型电机	1.2 ~ 3.6
采用黏结永磁体的全封闭小型电机	1.6
千瓦级的工业用感应电机	0.6 ~ 2.5
高性能（永磁）伺服电机	1.2 ~ 2.4
航空航天用电机（小型高功率）	2.5 ~ 6.2
大型水冷电机（涡轮发电机等）	8.2 ~ 20.6

图2.29所示是另一个有力的C_1统计示例。这是一本德国技术书籍中记载的大

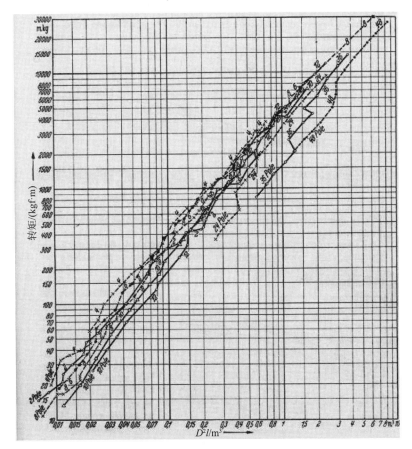

图2.29 德国大容量感应电机常见的电机常数C_1

（来源：Werner Nürnberg，*Die Asynchronmaschine*）

容量感应电机统计数据，横轴为气隙体积 $D_i^2 \cdot L_c$，纵轴为转矩。调查范围之广，调查数量之多令人惊叹。两个对数图中斜率为 1.0 的直线成正比，电机常数为固定值。但仔细观察会发现，斜率为 1.1。也就是说，输出功率越大的电机，电机常数 C_1 越大。

更有趣的是小容量感应电机统计数据，如图 2.30 所示，"感应电机极数越小，越容易产生转矩"在这里体现得淋漓尽致。

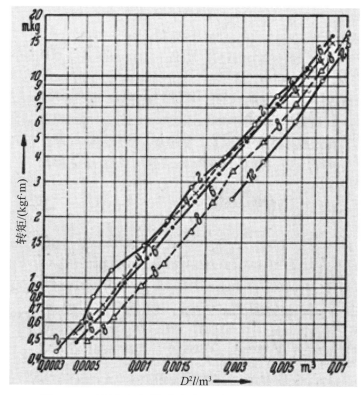

图 2.30　德国小容量感应电机常见的电机常数 C_1
（来源：Werner Nürnberg，*Die Asynchronmaschine*）

2.5.2　电负荷

电负荷由"气隙单位周长的电流有效值×导体密集度"表征：

$$A_1 = \frac{m \cdot z_1 \cdot I_a}{\pi \cdot D_g} \tag{2.8}$$

式中，m 为相数；z_1 为每相串联导体数；I_a 为电流有效值（Arms）。

电负荷是一种可行性指标，小型风冷电机的电负荷在几千安每米，大型水冷电机的电负荷在几万安每米。

2.5.3 磁负荷

磁负荷是气隙表面磁通密度的平均值，单位是特斯拉（T）。当气隙磁通密度由永磁体及铁心材料的磁特性、气隙长度和各部分厚度等结构要求得时，取一个极距的平均值即为磁负荷。磁通密度分布随着定子和转子的相对位置而瞬息万变，因此，很难对磁负荷作严格定义。

现在有电磁场分析软件，转矩计算很方便，所以和电负荷一样，磁负荷不那么受关注了。电感也是如此，曾经作为电路常数不可缺少，但设计现场通过电磁场分析和控制电路耦合分析，不需要知道电机的电感了。

2.5.4 电机常数和电负荷、磁负荷的关系

有了电负荷 A_1 和磁负荷 B_1，根据洛伦兹力的定义，可以计算出电机常数 C_1：

$$C_1 = \frac{\pi}{\sqrt{2}} \cdot k_{w1} \cdot A_1 \cdot B_1 \qquad (2.9)$$

也就是说，取电负荷有效值的 $\sqrt{2}$ 倍得到峰值，取磁负荷平均值的 $\pi/2$ 倍得到峰值，假设它们在绕组系数 k_{w1} 下相互作用，便可得到转矩密度。绕组系数的具体介绍见2.8.1节。

至此可以确定，通过增大电负荷 A_1 和磁负荷 B_1，能够缩小电机的体积。另外，绕组系数 k_{w1} 是衡量定子和转子之间磁耦合的指标，根据绕组形式，绕组系数在0.6～1。增大 k_{w1} 可能导致电机效率及静音性能下降，因为它与多种物理量存在关系，须慎重调整。

而电负荷和磁负荷的取值，也涉及以标幺值表示的电抗：

$$X_1 = \xi \cdot \frac{A_1}{B_1} \qquad (2.10)$$

式中，X_1 为电抗；ξ 为磁通量生成系数。

可见，电负荷与磁负荷的乘积决定电机体积，电负荷与磁负荷的比决定电抗。以永磁电机为例，优先考虑控制响应速度时要降低电抗，优先考虑高速区弱磁效果时要增大电抗，可以通过 A_1、B_1 的值进行调整。

式（2.10）中的 ξ 是由铁心形状决定的量，表示导体通电时磁通量生成的难度。计算得出的量是原意为"电阻"的电抗。磁通量容易穿透会导致电流难以流动这一事实，乍一听似乎很奇怪，实为必然。当电流试图流经导体时，围绕导体

的磁通量越大，抵抗外部运动的反作用磁通势越强。有了ξ，只要知道施加电负荷A_1的额定点磁通量与产生额定电压磁负荷B_1的比例，就可以知道电抗的影响大小（无量纲）。对于快速控制伺服电机等，需要减小电抗时，可以在减小ξ的同时减小A_1、增大B_1。

2.6　电机与相数

在介绍永磁电机设计前，有必要了解多相交流电机相数的含义和选择标准。

2.6.1　交流电机的萌芽

在电气工程发展初期，交流理论被认为难以理解，加上多数电源是直流电源，直流电机调速驱动是主流。这方面的代表人物是爱迪生。交流电机始于以特斯拉为代表的交流阵营。最初的电源仅限于电池，由于电池效率低且寿命短，因此利用在均匀磁场中旋转、感应电压的线圈获取电能更具实用性。其结果是交流电，因此可以想象，用交流电驱动电机旋转将非常有效。但是，没有找到从交流电中获取旋转力的方法。相较于直流派的爱迪生，以特斯拉为代表的交流派逐步确立变压器和多相电机原理，扩展了交流电力系统。导致直流派衰退，交流派胜利延续至今，走进交流信号的IT时代。

特斯拉和爱迪生的恩怨也值得一提，如图2.31所示。特斯拉是克罗地亚人，仰慕大名鼎鼎的爱迪生而远赴美国，加入爱迪生创办的GE公司，但他越是宣传交流的优点，越是遭到只能理解直流的爱迪生的厌恶，备受冷落。一气之下特斯

特斯拉	爱迪生
开拓交流领域	执着于直流
无线通信	—
支持WH	创立GE
点亮世界的人	勤奋的人
拒绝共同获得诺贝尔物理学奖	
磁通密度的单位	—
—	爱迪生效应
交流电力网、信息通信	—
—	伟人传记

图2.31　特斯拉和爱迪生

拉转职WH，在管理层支持下废寝忘食地开拓交流世界。相对于爱迪生一边倒的勤奋，特斯拉既勤奋又有天赋，运用数学知识开发出多相电机等。曾有传闻他会和爱迪生共同获得诺贝尔奖，但他拒绝了，说"如果是爱迪生就免了"。

尽管从奠定现代信息技术基础的角度看，特斯拉成就更高，但在伟人传记书架上，还是爱迪生更出名。笔者从未见过面向青少年介绍特斯拉的伟人传记，可能是因为教育领域可以援引爱迪生说的"你要多努力"，但不能以特斯拉的事例"受到启发"。同是磁通密度的单位，特斯拉相当于高斯的1万倍。想想高斯的伟大，这个比例似乎不合理，但就电气方面的直接贡献而言，特斯拉居上位不足为奇。

2.6.2 单 相

直流电机中，旋转是在静止磁场中移动载流导体而获得的。相反，交流电机则是产生旋转磁通势，使铁、永磁体或导体旋转。图2.32所示为通交流电的单匝线圈产生的电动势。根据电流正负变化，垂直方向会产生交变磁通势。乍看这与旋转磁通势无关，但实际上可理解为顺时针方向、逆时针方向旋转磁通势的合成。如果将条形磁铁放入该磁通势范围，施加适当作用力，它便会朝初动方向同步旋转，两个方向旋转的磁通势是真实存在的。

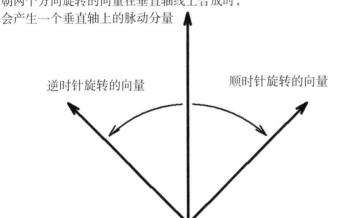

朝两个方向旋转的向量在垂直轴线上合成时，会产生一个垂直轴上的脉动分量

逆时针旋转的向量　　　　顺时针旋转的向量

1. 正弦波状的脉动分量可以理解为两个向量以相同速度、相反方向旋转时的合成向量
2. 从垂直轴开始旋转时，垂直轴上会出现脉动分量
3. 这不单单是数学上的简单概念，添加条形磁铁后，条形磁铁会根据初速，以同步速度左转或右转，可见它是真实存在的量

图2.32 通交流电的单匝线圈产生的正负旋转磁通势

在这个线圈结构中添加铁心生成交变磁场，再将笼形转子置入其中，便成了类似感应电机的简单电机，即图2.33所示的罩极电机。被称为罩极线圈的短路线圈会搅动磁场以提供初始驱动力，之后根据笼形转子的速度–转矩特性，以低效

率伴随滑差持续旋转。这种电机多用于廉价电风扇。另一种启动方法是增加辅助绕组移相，以两相启动，待电机转动后断开辅助绕组。

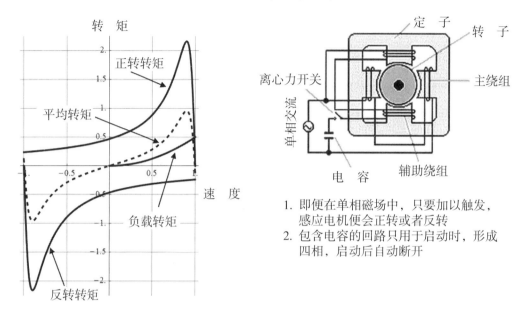

图2.33　以单相磁场旋转的罩极感应电机的速度–转矩特性

2.6.3　两　相

当频率相同的交流电流流经两个线圈时，每个线圈都会生成正转或反转磁场。若使线圈相互正交，电流相位差为90°，则如图2.34所示，反转磁场会相互抵消，只合成正转磁场，就得到了完美的旋转磁场。电风扇等常用的两相交流电机就是根据这一原理，串联大电容器，将一相电流移相90°。常有报道称老式电风扇电容器起火，这种电容器正是用于两相驱动的移相电容器。

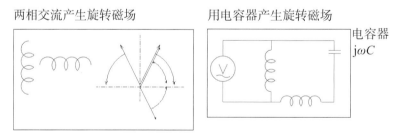

图2.34　旋转磁场的产生

2.6.4　电容器

谈到电容器的移相功能，就有必要重新审视一下电路中常见的三种无源元件——电阻器、电容器、电感器。

先从电容器的移相原理说起。如图2.35所示，向电容器施加正弦波电压时，将流过相位超前90°的电流，而电容器本身是两块极板夹住电介质的结构。在两块极板之间施加电压V时，负电荷$-Q$蓄积在正极板上，正电荷$+Q$蓄积在负极板上。另外，电流是电荷随时间变化的速率，电荷趋于增加时电流为正，电荷趋于减少时电流为负。假设施加正弦波电压，电压由负转为正的瞬间电流为最大值，电压位于顶点时电流为零，按此依次生成波形，就可以得到相对于电压波形相位超前90°的电流波形。电容和角频率的乘积ωC是表征电压与电流关系的电导（电阻的倒数）量纲值。

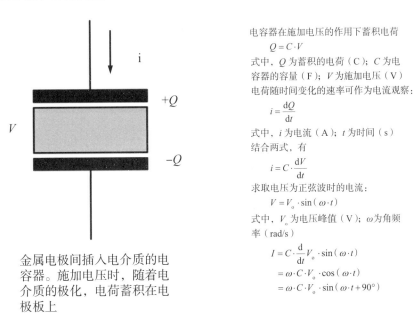

金属电极间插入电介质的电容器。施加电压时，随着电介质的极化，电荷蓄积在电极板上

电容器在施加电压的作用下蓄积电荷

$$Q = C \cdot V$$

式中，Q为蓄积的电荷（C）；C为电容器的容量（F）；V为施加电压（V）

电荷随时间变化的速率可作为电流观察：

$$i = \frac{\mathrm{d}Q}{\mathrm{d}t}$$

式中，i为电流（A）；t为时间（s）

结合两式，有

$$i = C \cdot \frac{\mathrm{d}V}{\mathrm{d}t}$$

求取电压为正弦波时的电流：

$$V = V_o \cdot \sin(\omega \cdot t)$$

式中，V_o为电压峰值（V）；ω为角频率（rad/s）

$$
\begin{aligned}
I &= C \cdot \frac{\mathrm{d}}{\mathrm{d}t} V_o \cdot \sin(\omega \cdot t) \\
&= \omega \cdot C \cdot V_o \cdot \cos(\omega \cdot t) \\
&= \omega \cdot C \cdot V_o \cdot \sin(\omega \cdot t + 90°)
\end{aligned}
$$

图2.35 电容器的结构和作用

2.6.5 电感器

电感器的移相原理如图2.36所示。电流通过单条导体时，导体周围会产生磁通量，随着电流波动，磁通量变化，导体中就会感生电压，产生电感效应。将导体绕成线圈，再插入铁心，电感效应会增强。对于电容器，通过施加电压产生的电荷变化速率视为电流。电感器情况略有不同，将电流产生的磁通量变化速率负值视为感应电压。由于负值关系，施加正弦波电压时电流会滞后90°。电感和角频率的乘积ωL是表征电流与电压关系的电阻量纲值，被称为电抗。在电机控制中，电机电抗起着重要作用。

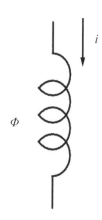

电感器在电流的作用下蓄积磁链:
$$\Phi = L \cdot I$$
式中，Φ 为蓄积的磁链（Wb）;
L 为电感（H）; I 为电流（A）
电流随时间的变化速率的负值可视为电压:
$$V = -\frac{\mathrm{d}\Phi}{\mathrm{d}t}$$
式中，V 为电压（V）; t 为时间（s）
结合两式，有
$$V = -L \cdot \frac{\mathrm{d}I}{\mathrm{d}t}$$
求取电流为正弦波时的电压:
$$I = I_0 \cdot \sin(\omega \cdot t)$$
式中，I_0 为电流峰值（A）;
ω 为角频率（rad/s）
$$\begin{aligned} I &= -L \cdot \frac{\mathrm{d}}{\mathrm{d}t} I_0 \cdot \sin(\omega \cdot t) \\ &= -\omega \cdot L \cdot I_0 \cdot \cos(\omega \cdot t) \\ &= -\omega \cdot L \cdot I_0 \cdot \sin(\omega \cdot t - 90°) \end{aligned}$$

导体绕成的电感器。电流流动时会产生磁链，即磁通量与匝数的乘积

图2.36　电感器的结构和作用

2.6.6　电阻器

电阻器定义了电压与电流的比例关系，与频率无关。欧姆发现的定律"电流与电压成正比，与电阻成反比"，表达式为 $V = IR$。如图2.37所示，如果将电流理解为带电粒子流动，就无法解释它与一般流体（$\Delta P = Q^2 \cdot R$）的区别了。事实上，流经导体的电流是电荷的"相位速度"，电荷的载体——电子实际上并没有快速移动。在海面波浪中，水分子移动本身并不是波的传递，而是接连不断地将运动量传递给相邻水分子的一种"状态传递"，是波的速度，电流与之相似。电子本身在导体中每秒钟只能移动几毫米，相邻电子的状态传递才是电荷的移动，

$$V = I \cdot R$$
式中，V 为电压; I 为电流; R 为电阻
$$\Delta P = Q^2 \cdot R$$
式中，ΔP 为压损; Q 为流速; R 为损耗系数
1. 欧姆定律和流体定律区别明显，知道两个定律的人很多，却很少有人理解为什么会这样
2. 在欧姆定律中，即便电流增大，也只是接连碰撞的电子数量成正比地增加，电子自身的移动速度（约1cm/s）不变，所以电压与电流成正比
3. 在流体定律中，由于流体自身是移动的，单位面积的制动力与速度成正比，面积本身也与速度成正比，结果是制动力与速度的平方成正比

欧　姆

图2.37　欧姆定律之怪

也就是观测到的电流。电流的实质不是物体移动，将它比作水管中的水流是不对的。欧姆定律是符合量子力学的一系列复杂事件的累积结果，直观理解，可想成大浴缸的排水孔：浴缸中的水流动很慢，不受流体阻力影响，只是孔的大小限制了排水量，类似于导体截面积决定电流。

2.6.7　虚　数

　　处理电路中的元件时经常会用到虚数。对电容器和电感器施加正弦波电压时，电流相对电压分别超前90°和滞后90°。另外，电阻器不引起相位变化。如果用能引起相位变化的算子表示这些常数，构建交流回路网络、解方程就轻松多了。虚数，即-1的平方根，就是针对这一情况引入的。人类掌握数字是从自然数开始的，后来加入了包括负数的整数、作为整数比的有理数，以及无法用比表示的无理数，最后加入0，形成实数系列。而出现在高次方程的解中的虚数，即-1的平方根，并不符合既有系列，它在很长时间里都不明意义地存在着。

　　公元前几千年在希腊发展的几何学与公元一千年后在阿拉伯发展起来的代数学，于17世纪在欧洲被融合，产生了代数几何——这归功于笛卡儿。如图2.38所示，笛卡儿定义了正交的两轴，并指定坐标为(x, y)的点到横轴的投影为x，到纵轴的投影为y。当y随着x按照一定规律变化时，点就连成了线。这样，一次函数可画成直线，二次函数可画成各种圆锥曲线。这个描绘空间就是笛卡儿坐标系，也称为直角坐标系、x-y坐标系等。

代数+几何→笛卡儿坐标系
1. 图示为独立变量x和从属变量y的关系
2. 一次方程对应直线，二次方程对应圆、椭圆、抛物线、双曲线等代表性图形
3. 解联立方程得到交点
4. 通过微积分得到斜率和面积

笛卡儿

⇒ 以为是代数几何的大胜利……

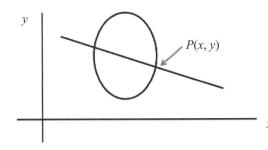

图2.38　虚数是左转90°的操作（1）

代数几何的技术成果巨大，通过求解图形方程，可以高精度得到交点位置，求取牛顿和莱布尼茨发明微积分时涉及的弯曲部分斜率及封闭图形面积等。这本来是代数几何的伟大胜利，一般来说，两个全等图形可以通过以下三种操作重叠，沿 x 轴或 y 轴平行移动，绕 x 轴或 y 轴翻折，以原点为中心旋转。就 x–y 坐标系而言，通过将各顶点的 x 或 y 坐标值加减一定数值，便可简单实现平移；而翻折可以通过反转各顶点的 x 或 y 坐标值符号来简单实现；旋转只能通过包含三角函数在内的复杂变换来实现，并且在数学上也不美观。

几百年后，从欧拉到高斯的数学家们通过赋予虚数含义解决了这个问题。虚数相乘2次符号就会反转（连续2次"左转"就实现了向后转），由此假设虚数是逆时针旋转90°的操作。换言之，虚数不是普通数字，而是操作算子。如图2.39所示，如果使用横轴为实数、纵轴为虚数的复数坐标系，而不是横轴、纵轴都为实数的坐标系，复数与向量将一一对应。平移和翻折可以通过实部、虚部加减法，以及符号反转等操作实现。此外，简单乘以一个虚数，即可将向量逆时针旋转90°，这就解决了直角坐标问题。正交坐标在交点及斜率求取方面有优势，在面积求取上有短板，但对简化图形处理很有用。至于电路中的虚数，一些无源元件可能会引起相移，相对于施加的正弦波电压，电容元件（C）使电流超前90°，电感元件（L）使电流滞后90°。将它们的角频率倍 ωC、ωL 乘以虚数，不仅可以正确获得相对于施加正弦波电压的电流值，还能够正确求取相位。

1. 图形处理困难→导入虚数
2. 迭合图形的重叠
3. 支持平行移动、翻折
4. 不支持原点转动的旋转
5. 欧拉发明了旋转操作的算子i

欧　拉

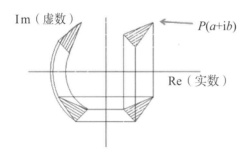

图2.39　虚数是左转90°的操作（2）

欧拉对虚数扩展应用起到了非凡作用。自然对数e和圆周率π都是被称为超越数的最高级无理数，加上虚数i取幂便可恢复为整数。其关系式被奉为"人类的瑰宝"，在欧拉的出生地瑞典，人们喜欢将它印刷在T恤和马克杯上（图2.40）。

欧拉进一步发展的下式在数学中被视为最美方程，吉田武称其为"人类的瑰宝"

$$1+e^{i\pi}=0$$

自然对数e、圆周率π都是超越数，而i是虚数，多简明！

在瑞典，这个方程被印在各种东西上，作为纪念品销售

图2.40 在瑞典可以买到的欧拉马克杯

2.6.8 虚时间

天才物理学家霍金扩展空间中逆时针旋转90°的虚数的含义，导入了时间上旋转90°的虚时间概念。

他反对宇宙大爆炸之前宇宙中什么都没有的观点，并提出存在一个与实时间成90°的虚时间世界，如图2.41所示，宇宙大爆炸只不过是实时间与虚时间的转

霍金反对"宇宙大爆炸以前什么都不存在"的普遍看法，提出了"虚时间"的概念，结果，回避了零点问题，却出现了无限问题，这算解决了？

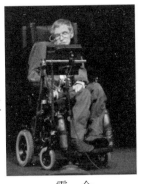

霍 金

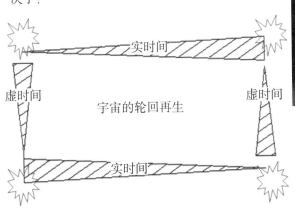

图2.41 虚数的空间操作向时域扩展

换。而进入现今宇宙的最终形态——大挤压后，就再次回到了虚时间世界，在那之前是倒退的实时间世界，再往前是倒退的虚时间世界。

宇宙在上下边为实时间、左右边为虚时间的矩形上不断旋转，形成一个永恒世界。为了避免零点问题，他引入了无限。

2.6.9　n相

式（2.11）是前面提到的由欧拉确立的复数运算，将正负旋转磁场合成的相位进行适当的空间排列，每相注入适当相位的电流时，无论多少相位，都能生成纯旋转电动势。

$$\frac{1}{n}\sum_{k=1}^{n}e^{i\left(t-\frac{2n\pi}{k}\right)}\cdot\left[e^{i\left(x-\frac{2n\pi}{k}\right)}+e^{-i\left(t-\frac{2n\pi}{k}\right)}\right]=e^{i(t-x)} \qquad (2.11)$$

式中，n为相数；t为时间；x为位置；e为自然对数；i为虚数。

第1项表示逐渐改变相位时的电流。中括号中的第1项是逆时针旋转的向量，第2项是顺时针旋转的向量，它们的和是两个向量的合成向量。累加所有相的合成向量与电流向量的乘积，就得到了表示纯旋转磁场的表达式。

2.6.10　三　相

和1相（1个线圈）、2个线圈一样，3个线圈同样也能够生成旋转磁场。如图2.42所示，按120°相位差排列的3个线圈中的电流也有120°相位差，合成之后相位差为0，这意味着可以省去流出回路。两相共需4路供电，而三相只需要3路供电，这也是三相交流电普及的原因。中性点并非三相电的特色，除去2n相以外的$n=3$以上的所有相都是等效的。

三相交流电产生的旋转磁场　　　　　具体形态

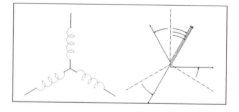

图2.42　三相旋转磁场是理想的

2.6.11　五相、七相、多相

多相化的主要目的是产生更平滑的旋转磁场。绘制矢量图阶段通常假设磁通势分布呈正弦波状，而实际电机线圈是嵌入铁心槽内的，一组线圈产生的磁通势呈方波分布。因此，三相合成量可以通过表示沿周长s的方波的傅里叶级数函数f乘以正弦波状时间变化来计算。

方波状空间分布、正弦波状时间变化的磁通量三相合成量为

$$\frac{2}{3}\sum_{n=1}^{3}\sin\left[t-(n-1)\cdot\frac{2}{3}\pi\right]\cdot f\left[s-(n-1)\cdot\frac{2}{3}\pi\right]$$

$$=\cos(s-t)+\frac{1}{7}\cos(7s-t)-\frac{1}{5}\cos(5s+t) \quad\quad (2.12)$$

$$+\frac{1}{13}\cos(13s-t)-\frac{1}{11}\cos(11s+5)$$

除了基波，还有1/5量的5倍频后向波，1/7量的7倍频前向波，1/11量的11倍频后向波，1/13量的13倍频前向波。这些波分别与转子的6倍、12倍频振源相互作用，产生所谓的6f振动、12f振动。

增加到五相时，6倍频振源消失，但12倍频振源仍在。方波状空间分布、正弦波状时间变化的磁通量五相合成量为

$$\frac{2}{5}\sum_{n=1}^{5}\sin\left[t-(n-1)\cdot\frac{2}{5}\pi\right]\cdot f\left[s-(n-1)\cdot\frac{2}{5}\pi\right]$$

$$=\cos(s-t)+\frac{1}{13}\cos(13s-t)-\frac{1}{11}\cos(11s+5) \quad\quad (2.13)$$

进一步增加到七相时，就只剩基波了，非常静音。方波状空间分布、正弦波状时间变化的磁通量七相合成量为

$$\frac{2}{7}\sum_{n=1}^{7}\sin\left[t-(n-1)\cdot\frac{2}{7}\pi\right]\cdot f\left[s-(n-1)\cdot\frac{2}{7}\pi\right]$$

$$=\cos(s-t) \quad\quad (2.14)$$

通过多相化消除谐波磁通量也有助于降低各处产生的涡流损失。从这个角度来看，用多相化实现小型高功率化的研究实例也很多。无论如何，形成平滑旋转磁场是关键。

2.7 极数的选择

极数选择取决于圆周上可排列多少对N-S极。在一个周期的电流变化中，转

子会按极对数移动。例如，4极电机的极对数为2，一个电源周期旋转半圈。如果是8极电机，极对数为4，一个电源周期旋转1/4圈。依此类推，极对数越大，每个周期旋转的圈数比例越少，也就是转速越低。反言之，随着极对数增大，需要增加电源周期数，以维持转速。一般来说，如果极数为 p，则 $p/2$ 电源周期旋转1圈，考虑到频率是1s内的循环数，可以由极对数 $p/2$ 与转速 $n/60$（r/s）的乘积得出频率 f（Hz）：

$$f = \frac{p}{2} \cdot \frac{n}{60} = \frac{p \cdot n}{120} \tag{2.15}$$

极数可以自由选择，但以工频驱动时，还是有一些限制。如图2.43所示，日本东部工频为50Hz，西部是60Hz。为此，电力交换中间地点安装了变频站，现在换成了半导体变频装置，过去用旋转电机。两台旋转电机直连并以600r/min旋转，当其中一台为10极，另一台为12极时，根据式（2.15），10极电机的频率为60Hz，12极电机的频率为50Hz。可以根据电力供需情况，决定哪一台作为电动机，哪一台作为发电机，但是旋转电机需要经常维护，终被半导体变频装置所取代。

极数和转速会影响频率
频率（Hz）=极对数×秒钟转速（r/s）
　　　　　　极数/2×分钟转速（r/min）/60
　　　　　　=极数×分钟转速/120
在工频下，电机转速仅取决于极数

极　数	50Hz	60Hz	用途示例
2	3000r/min	3600r/min	涡轮发电机
4	1500r/min	1800r/min	核能涡轮发电机
10	600r/min	720r/min	变频（10极、12极电机直连）
12	500r/min	600r/min	
48	125r/min	150r/min	水力发电机

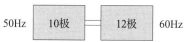

50Hz　10极　—　12极　60Hz

图2.43　以工频驱动的电机的极数示例

与工频相关的其他例子，旋转十分缓慢的旋转电机有用混流式水轮机驱动的水力发电机和用巨大风车驱动的风力发电机。1s仅旋转几圈的巨型电机，极数将近100。相反，小极数电机的代表是涡轮发电机，燃油或燃煤蒸汽轮机，能以3000～3600r/min驱动2极发电机。

电动汽车驱动用永磁电机的极数选择有些复杂，它的频率不像工频那样是固定的，可以自由选择。电机极数增大，总量不变的磁通势及磁通量可以分布到更多极，电机自身结构也更精细。鉴于此，根据后述原理，可以通过将永磁体变薄来降低成本，或者通过减少闭合磁路铁心材料来实现轻量化，这样逆变器设计者就不得不提高频率或者提高转子位置的分辨率。

随着多极化，闭合磁路铁心材料（磁轭）可以减薄，理由如下：整个圆周总磁通量不变，磁极增加后，每极磁通量会减小，作为极到极的磁通量路径，随着极数增大，磁轭可以变薄，如图2.44所示。

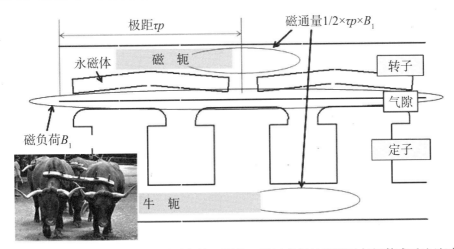

极数增加，τp减小，而磁负荷B_1是固定的，因此，通过磁轭的磁通量与极数成反比地减小

图2.44 多极化有利于磁轭减薄

关于永磁体可以减薄的理由，如图2.45所示，与磁通量因多极化而分散相同，电枢产生的整个圆周的总磁通势也因多极化被分散。要想电机输出大转矩，必须输入大电流，但会产生与永磁体极性相反的磁通势，超过一定程度会导致永

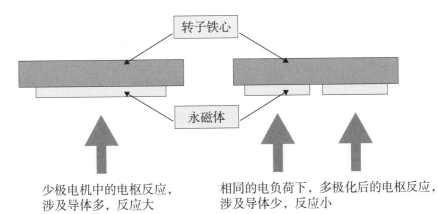

少极电机中的电枢反应，
涉及导体多，反应大　　相同的电负荷下，多极化后的电枢反应，
涉及导体少，反应小

图2.45 多极化可以减小电枢反应

磁体永久退磁。极数越小，作用在永磁体上的反向磁通势越大，如果反向磁通势可以通过多极化分散，那么退磁能得到抑制。

多极化后，薄永磁体不易退磁，永磁体减薄也就水到渠成。但要注意，在气隙长度不变的情况下减薄永磁体，磁通量会相应减小，容易导致电机无力。在增大极数的同时减薄永磁体，缩短气隙长度，可以避免磁负荷降低，但定子与转子接近会引发一些问题，一是气隙磁通量的波动会因结构凹凸不平而增大，引发损耗及振动；二是制造难度增加，生产性低。

另一方面，多极化提高了电源工程师门槛。首先是旋转位置检测。永磁电机通过传感器检测转子位置来控制运转电流，极数增大后须相应提高检测精度。如果普通传感器难以胜任，就要采用高级传感器或者开发新传感器。另外，VVVF逆变器采用PWM进行波形整定时，载波频率相对于基波频率必须足够高，否则无法生成优质波形，进而导致电机损耗和振动噪声增大。而且，多极化后频率提高，载波频率也必须提高，这会导致半导体开关损耗增大。表2.4给出了多极化的优缺点。

表 2.4　调速电机多极化的影响

项　目	关　系	多极化后	影　响
频　率	极数 × 转速	增　大	铁心各处的涡流增大
电角度	机械角度 × 极对数	减　小	旋转位置检测性能低下
极　距	气隙周长 / 极数	减　小	分布式绕组的端部长度减小
电枢反应	电负荷 × 极距	减　小	难以消磁
电　抗	1/ 极数	减　小	弱磁控制效果不佳
结　构	与极距成正比	缩　小	加工困难，材料强度受限
气隙长度	与极距成正比	变　窄	加工困难，难以组装
磁轭厚度	1/ 极数	变　薄	变得小而轻，刚度下降，出现振动和噪声

对于电动汽车驱动，在使用减速齿轮的前提下，如果采用高速电机，可以选择6 ~ 12极电机。如果用低速电机直接驱动，可以选择20极甚至30极的多极电机，以打破又大又笨重的印象。

2.8　线圈和槽数的设计试算

前面介绍了电磁学基础知识，以及相数和极数选择，本节先介绍线圈结构和槽数选择，然后介绍磁极侧的凸极结构，最后探讨永磁电机设计。

2.8.1 线圈结构和槽数

槽数选择与线圈结构密不可分，电机行业有言"谁掌控线圈，谁就掌控了电机"，说的就是线圈优劣决定电机的性能和价格。性能是指电机的转矩、效率、振动、噪声等，线圈是最易损坏的部位，关系到电机的耐久性。

表2.5给出了分布式绕组和集中式绕组的比较，下面先对基础的分布式绕组作介绍。

表 2.5　分布式绕组和集中式绕组的比较

类　型	分布式绕组	集中式绕组
结　构	各相线圈开口较宽，三相重叠，因此，也叫叠绕组	各相线圈开口是极对的2/3，三相线圈占据其他空间，不会重叠
线圈端部	线圈端部过长会增大电阻损耗，且各相线圈端部堆叠存在绝缘风险	线圈端部的接线简洁明了
磁通量利用率	几乎100%接受磁通量	由于开口减小，磁通量利用率相应降低了15%
磁通势	基波伴有谐波，增大每极每相槽数能进一步改善	除了左边的，还有1/2的反向半速成分，这会在转子产生额外损耗，并损失静音性

线圈作用是通电后生成旋转磁场。如前所述，旋转磁通势生成各相磁通势向量。向量具有可以投影到任意轴的特性，也是空间上呈正弦波分布的物理量。但是，当电流通过嵌在铁心槽中的实际线圈时，产生的磁通量呈图2.46所示方波分布，与正弦波分布相差甚远。

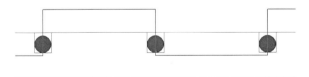

图2.46　嵌在铁心槽中的一相线圈产生的磁通量分布（方波）

此外，起磁阻作用的槽会使磁通量分布背离向量，产生槽谐波问题。

以三相绕组为例，各相形成的磁通量分布间隔120°叠加。若用U、V、W表示三相，则在U相电流取最大值1的瞬间，V相、W相的电流均为−1/2，磁通量分布在一定程度上反转符号，变成1/2。三相叠加磁通量分布如图2.47所示。

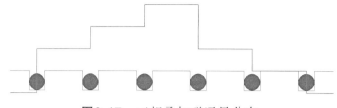

图2.47 三相叠加磁通量分布

看起来有点像正弦波，但含有很多噪声，算不上好的磁通量分布。改善方法是将每相线圈分散到两个槽中。槽间隔60°电角度，同一相线圈按二等分嵌入相邻的两个槽。此时三相叠加磁通量分布如图2.48所示，更接近正弦波。

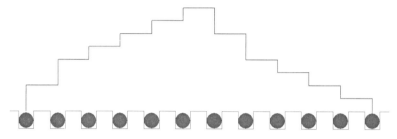

图2.48 每极每相槽数为2时的三相叠加磁通量分布

随着分散数增加到3，4……磁通量分布越来越接近正弦波。分散数就是每极每相槽数，是波形成形的重要指标。但是，分散后合成量不是简单和，而是矢量和。分散数为2、3时的合成情况如图2.49所示。

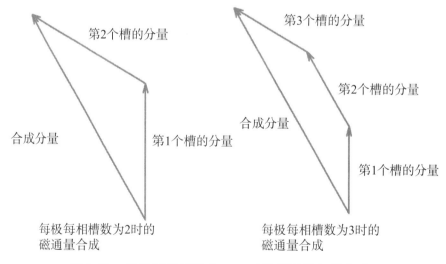

图2.49 每极每相槽数为2、3时的磁通量矢量合成

相比简单和，矢量和较小，这意味着磁通量利用率较低，电机效率较低。矢量和与简单和的比率被定义为分布式绕组系数：

$$k_{\mathrm{d}} = \frac{\sin\dfrac{\alpha}{2}}{n\cdot\sin\left(\dfrac{1}{n}\cdot\dfrac{\alpha}{2}\right)} \tag{2.16}$$

式中，k_{d} 为分布式绕组系数；n 为每极每相槽数；$\alpha = \pi/3$ 为每相所占角度（rad）。

例如，当每极每相槽数为2时，$n = 2$，$\alpha = \pi/3$，$k_{\mathrm{d}} = (1+\sqrt{3})/(2\sqrt{2}) = 0.966$。若每极每相槽数无限大，而 k_{d} 对应圆心角为60°弧长的弦长，可知 $3/\pi = 0.955$。

不同于电机展开图，现实中突出显示铁心线圈端部十分棘手，它与本相及他相线圈交错叠置，绕线困难且占用宝贵空间。对于每极每相槽数为2的线圈，第1个线圈和第2个线圈并列放置时，会在同一相内重叠。为了避免这种情况，如图2.50所示，可绕制不同形状线圈，形成同心绕组。

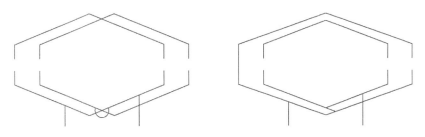

图2.50 每极每相槽数为1的绕组（叠绕组、同心绕组）

所有相的线圈终将嵌入槽中，但端部堆叠着实令人生畏。而且，线圈端部对于转矩产生毫无贡献，只会浪费空间、增大铜损，是绝缘薄弱环节，还存在过热问题。

采用集中式绕组可以避免这些问题，如图2.51所示。以三相绕组为例，每相占据2/3极距（极中心到相邻极中心的距离），不会重叠，线圈端部非常整齐。

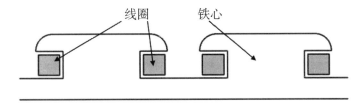

图2.51 集中式绕组

每相仅占2/3极距的第一个难题是，磁通量聚集能力欠佳。若磁通量呈正弦波分布，则只有图2.52中阴影部分的磁通量会被聚集，占总磁通量的 $\sqrt{3}/2$。

$$\frac{\int_{-\frac{1}{3}\pi}^{\frac{1}{3}\pi} \cos\theta \, \mathrm{d}\theta}{\int_{-\frac{1}{2}\pi}^{\frac{1}{2}\pi} \cos\theta \, \mathrm{d}\theta} = \frac{\sqrt{3}}{2}$$

（2.17）

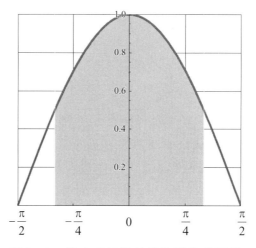

图2.52　集中式绕组的单齿聚集磁通量

磁通量呈方波分布时，聚集磁通量会减小到2/3。集中式绕组与分布式绕组不同，两个线圈在槽中共存，分布在左右两边，形成两层绕组。与线圈的头和尾分置的分布式绕组不同，集中式绕组的槽数减半，每极每相槽数也减半。

扁平电机通常采用集中式绕组，这样线圈端部就不会突出太多。如果需要更加扁平的电机，可以效仿前述分布式绕组，将槽一分为二，采用双联集中式绕组，如图2.53所示。

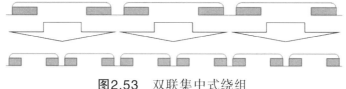

图2.53　双联集中式绕组

这时，可以采用两种相位顺序，U、U、V、V、W、W，120° 相位带，或者U、-V、W、-U、V、-W，60° 相位带。只要接线上没什么问题，优先采用在磁通势波形上有压倒性优势的60° 相位带。

相比分布式绕组，集中式绕组除了难以聚集磁通量，在磁通势产生方面也有不足，如图2.54所示。与可在整个极距布设齿来产生磁通势的分布式绕组不同，集中式绕组由于齿窄，只能产生2/3宽的磁通势。

电流峰值产生的磁通势　　　　　　$(-1/2) \times$ 电流峰值产生的磁通势

图2.54　集中式绕组产生的磁通势

因此，当绕组中流过正弦波电流时，三相合成磁通势中会掺入基波以外的 1/2大小的反向半速二次谐波。

集中式绕组磁通势高次谐波可表示为

$$f(\theta) = \sin\left(\theta + \frac{\pi}{6}\right) + \frac{1}{2} \cdot \sin\left(\theta - \frac{\pi}{6}\right) \tag{2.18}$$

正弦波电流对应的三相合成磁通势为

$$\begin{aligned}
&\sum_{i=1}^{3} f\left[\theta - \frac{2}{3}(i-1)\cdot\pi\right] \cdot \sin\left[t - \frac{2}{3}(i-1)\cdot\pi\right] \\
&= \frac{2}{3}\cdot\sin\left(s - t + \frac{2}{3}\pi\right) - \frac{3}{4}\cdot\sin\left(2s - t + \frac{1}{3}\pi\right)
\end{aligned} \tag{2.19}$$

不要认为反向二次谐波只有害处，它也可用作励磁极电源。如图2.55所示，在励磁极侧设置感应线圈，与整流器串联，从与二次谐波交链产生的电压中获取直流电流，用于励磁。这一想法若能付诸实际，可在一定程度上消除永磁体依赖性。

日本专利2012-170256　　　　　　日本专利2009-112091
旋转电机驱动系统　　　　　　　　旋转电机及其驱动控制装置
丰田汽车株式会社等　　　　　　　丰田汽车株式会社等

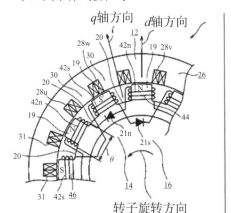
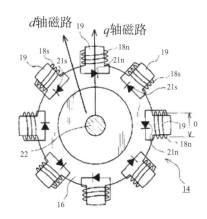

图2.55　将集中式绕组的谐波磁通量转换为励磁电源的例子

每槽只嵌一相线圈是单层绕组，分布式绕组以单层为主。而集中式绕组，每槽的左右两侧嵌不同相的线圈，形成两层绕组，如图2.56所示。正因为是两层，这种集中式绕组也存在不足。

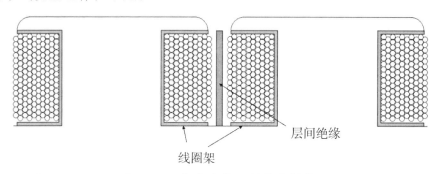

图2.56　集中式绕组的槽内结构

槽中两个线圈存在电位差，因此线圈之间必须设置绝缘层。另外，用于槽底、槽壁、齿头和铁心之间的无缝绝缘线圈架必不可少。这种线圈架很薄，且须具备出色的耐压性能，还须提供绕线所需的机械强度，是一种高性能构件。

一般来说，取线圈两边距离为相对位置的s/τ，此时磁通利用率被定义为短距系数k_s：

$$k_s = \sin\left(\frac{\pi}{2} \cdot \frac{s}{\tau}\right) \tag{2.20}$$

式中，s为两个线圈边槽距；τ为相对位置槽距；k_s是绕组系数，其与k_d之积是总磁通利用率。

集中式绕组线圈一般由线嘴绕制。线嘴连续出线，绕在齿周上。线圈由内向外绕，使线径与线圈架尺寸达到平衡。

两层线圈左右对称绕制，如图2.57所示，中间必须留足线嘴活动间隙。这

图2.57　包含线嘴活动间隙的集中式绕组槽内导体结构

正是采用集中式绕组的代价，要想减小间隙，只能想其他办法将张紧线从槽口嵌入。

2.8.2 磁负荷试算

电机设计初期需要的指标是剩余磁通密度B_r（T）、可逆磁导率μ_r（pu）、磁铁厚度h_m（m）和气隙长度δ_g（m）。

若转子结构不复杂，以表面式永磁转子为例，忽略铁心磁阻，则根据退磁特性有

$$B_g = B_r + \mu_r \cdot H_c \tag{2.21}$$

$$B_g = -H_c \cdot \frac{h_m}{\delta_g} \tag{2.22}$$

式中，B_g为工作点磁通密度（T）；H_c为工作点矫顽力（A/m）；B_r为永磁材料剩余磁通密度（T）；μ_r为永磁体可逆磁导率（pu）；h_m为永磁体厚度（m）；δ_g为气隙长度（m）。

由以上两式导出气隙磁通密度（T）：

$$B_g = B_r \cdot \frac{h_m}{h_m + \mu_r \cdot \delta_g} \tag{2.23}$$

作为电机性能指标的磁负荷，取气隙磁通密度的平均值。上述工作点磁通密度是永磁体正下方的值，在永磁体两端有下降之势。为简单起见，这里取工作点磁通密度作为磁负荷。

2.8.3 串联导体数

估算从各相端子到中性点的串联导体数：

$$z_1 = \frac{\frac{n_s}{3} \cdot n_i \cdot n_t}{\alpha} \tag{2.24}$$

式中，n_s为槽数；n_i为层数（分布式绕组取1，集中式绕组取2）；n_t为匝数；α为并联回路数。

串联导体数与外部注入电流产生的转矩有关，可基于前面确定的极数和槽数，控制槽内导体结构及总体的串并联。

首先确定串联导体数量，根据在额定点供给电机的电流和电机每相产生的转矩，可以估算串联导体数：

$$T = \frac{1}{2} \cdot z_1 \cdot \sqrt{2} I_a \cdot B_1 \cdot \frac{D_g}{2} \cdot L_c \cdot \xi_s \cdot \xi_d \cdot \xi_b \qquad (2.25)$$

式中，T为转矩（N·m）；1/2为每相转矩贡献率，3/2表示三相总转矩；I_a为电流有效值（Arms）；D_g为气隙直径（m）；L_c为铁心长度（m）；ξ_s为短距系数（pu）；ξ_d为分布系数（pu）；ξ_b为其他磁通利用率（pu）。

知道串联导体数，就可以确定"匝数/并联回路数"的目标值。注意，匝数只能取整数，并联回路数是极对数的约数。

通过绕组结构和并联回路数确定串联导体数后，根据下式计算空转时的相电压有效值：

$$E = \frac{1}{\sqrt{2}} \cdot z_1 \cdot B_1 \cdot \frac{D_g}{2} \cdot \omega \cdot L_c \cdot \xi_s \cdot \xi_d \cdot \xi_b \qquad (2.26)$$

式中，E为相电压有效值（V）；ω为旋转角速度（rad/s）。

如果速度、电压、转矩、电流与电机规格相符，那么电机设计便是可行的。此时，计算出来的电机转矩常数$k_t = T/I_a$，与电压常数$K_e = E/\omega$完全相符。换言之，$T \cdot \omega = E \cdot I_a$，证实了每相的机械输出等于电气输入。只要空转时产生的电压和通电时产生的转矩采用相同的磁负荷和磁通利用率，那么电机设计就成立。考虑到反凸极引起附加转矩和磁饱和引起磁通利用率变化，转矩常数与电压常数并不相等。因此，上述内容只是估算。

2.8.4　串并联回路

在保持串联导体数的同时，确定串并联结构。线圈有两组，串联导体数的1/2即线圈数。并联回路数设成极对数的约数。4极电机的极对数为2，串并联结构可以是2串1并或1串2并；8极电机的极对数为4，可以是4串1并、2串2并、1串4并，如图2.58所示。

采用n串1并时，每个线圈的匝数可以减小至$1/n$，但要确保线径满足额定电流要求。采用1串n并时，线径可以减小至$1/n$。细线多绕是并联的特征，粗线少绕是串联的特征。细线容易绕制，但会增加漆包层，不耐振动。粗线与之相反，过粗时也可以采用双线并绕方案。

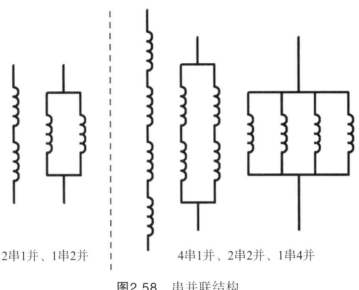

2串1并、1串2并　　　　　　　4串1并、2串2并、1串4并

图2.58　串并联结构

2.8.5　邻接和隔接

在2串2并的情况下，串联线圈可以邻极相接，或者隔极相接，如图2.59所示。线圈邻接相对容易，隔接更复杂，但具有吸收偏心或永磁体偏差等圆周不平衡的效果。隔接常见于电动汽车中。

另外，每个并联回路的中性点通常保持独立，而不是接在一起。除非有特殊保护方式，否则将中性点接在一起没有任何意义，连接不良反而有可能引发内部循环电流。当然，中性点保持独立也有利于绕线。

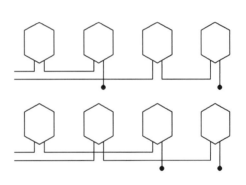

图2.59　邻接（上）和隔接（下）

2.8.6　星形接法和三角形接法

前面以星形接法为前提介绍了绕组结构，但还有三角形接法可选，如图2.60所示。由于星形接法的相电压会直接表现为线电压，因此，除非线圈多绕至$\sqrt{3}$倍匝数，否则会导致电压不匹配，但也存在用细线多绕几圈更容易的说法。也有认为本应在星形接法中消失的三次谐波会出现在线电压中，而且三次谐波内部循环电流会产生损耗等，但没有在业内达成共识。

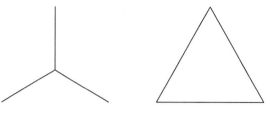

图2.60　星形接法（左）和三角形接法（右）

2.8.7　槽截面和槽满率

如图2.61所示，在气隙中由里向外钻出一定数量的凹槽，齿原理上是平直的，但为了提升强度，一般制成外扩锥形。齿头设有檐口，以便嵌线。站在包纳线圈的角度，檐口应加厚以确保强度，但为了防止相邻齿头间产生漏磁通路径，自然存在限制，要和生产部门协商决定。齿宽通常设成气隙直径中槽距的一半左右，但是由于磁通路径与电流路径相互冲突，很难找到最佳点。

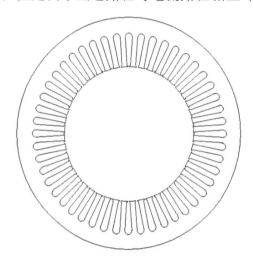

1. 气隙直径取决于安装性和电机常数
2. 确定相数、极数，选择分布式或集中式绕组，确定每极每相槽数后，便确定了机械层面的槽数
3. 对于分布式绕组，平行齿按槽距的适当比例定齿宽，槽形是扇形
4. 齿头的檐口形状要考虑磁、机械、加工问题
5. 槽底以圆形为主，也可采用方形
6. 考虑到槽内绝缘，要留足槽高，以提供容纳指定数量的导体所需的截面
7. 确定外径和磁轭厚度

图2.61　定子形状的确定

确定了槽形后，暂将额定点导体电流密度设为$5\mathrm{Arms/mm}^2$，由此得到线径。加上适当漆膜厚度，确保指定匝数的槽满率达到50%左右，据此调整槽高。然后在外周设置厚度约为齿宽一半的磁轭，定子就定形了。

2.8.8　温度估计

电流密度与温度的关系尚存在各种争议，这里从温度估计说起。

连续额定值和最大值分别受限于温度和退磁。退磁是瞬时的，但温度很难把握，有三个原因，热传导一致性差、热传递受冷媒流动影响、蓄热无处不在。

作为即时判断的指标之一，电流密度通常写成○○$\mathrm{A/mm}^2$等。不过，一个大区域中只有一条导体与挤满导体的情况是不同的。电流密度只是一个非常粗略的指标，想要反映电流密集程度，要使用另一个近似值——电负荷。

电负荷A_1表示单位气隙周长电流的密集程度，而表示导体数是否充足的指标是电流密度i。可想而知，两者的乘积$A_1 \cdot i$与温度高度相关。实际上，$A_1 \cdot i$与槽距的乘积再乘以铜的电阻率，得到的是在一个槽中产生的焦耳损耗，也就是通过该槽释放的热量。

$A_1 \cdot i$既没有名字，也没有统计实例，若能在电机制造中统计数据，必定对温度估计有很大帮助。

前面探讨的是静态现象，但电机负荷瞬息万变，必须采取动态方法。如果已知几个工作点的温度平衡点，就可以通过一阶延迟来追溯温度。另一种情况是，施加急剧负荷时，导体发热会积聚在导体内。假设铜线中的电流密度为$10A/mm^2$，在没有散热的情况下，温度将以$0.6℃/s$的速率上升。

有的大型电机采用高热导率树脂改善温升。线圈和铁心之间采用高热导率绝缘材料，铁心和结构体的间隙采用高热导率填充材料，结构体表面采用高热辐射率涂料。但是，小型电机的绝缘都很薄，高热导率绝缘材料不起作用，铁心和结构体通常是紧密贴合的，不使用填充材料。

2.8.9 转子铁心的结构

如果不追求永磁电机特有的附加转矩，可以简单认为圆柱状铁心的外围安装一块板状永磁体。但是，哪怕想增加一点点转矩，就不得不挑战复杂的"反凸极"结构。下面介绍反凸极转矩的意义和方案，并确定转子结构。

受旋转磁场牵引，不只永磁体会旋转，铁块也能旋转。区别在于，作用在永磁体上的力既有吸引力，也有排斥力，而作用在铁块上的力只有吸引力。

如图2.62所示，假设永磁体装在光滑的转子铁心上。此时，如果电枢电流产

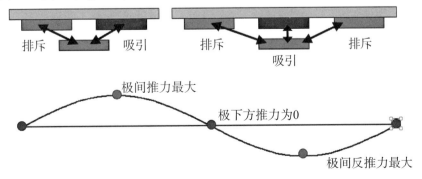

图2.62　旋转磁场和转子永磁体之间的推力

生的与左侧永磁体极性相反的旋转磁场从左向右移动，则左侧极性相反的永磁体受到拉力，而右侧极性相同的永磁体受到推力，形成整体向右的力作用于转子。

当旋转磁场位于极性相反的永磁体正下方时，指向旋转方向的力变为零。原因是在这个位置，旋转磁场对极性相反的永磁体的吸引力最大，但由于力的方向与旋转方向成直角，无法产生旋转力。虽然存在推动前后极性相同的永磁体的力，但相互抵消，不会形成旋转方向的力。当旋转磁场位于相邻永磁体的中间位置时，推力达到最大，推前面的永磁体，拉后面的永磁体。旋转磁场进一步移动，旋转力逐渐减小，在极性相同的永磁体正下方时再次变为零。旋转磁场再一步移动，力开始指向反方向。如果将这一系列旋转力的变化看作正弦波，则极距为波长。

如图2.63所示，假设在永磁体之间插入铁块替代光滑的转子铁心。永磁体之间的铁心结构，通常是为固定永磁体而设置的，不妨看作铁块。旋转磁场和铁块之间只有吸引力作用，如果旋转磁场还像之前那样移动，位于铁块正下方时旋转力为零，之后增大至峰值，位于相邻铁块中间时旋转力又变为零，后面区间的旋转力指向反方向，位于相邻铁块的正下方时旋转力再次变为零。如果将这一系列旋转力的变化看作正弦波，则极距为波长。

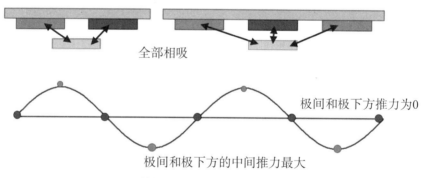

图2.63　旋转磁场和转子铁块间的推力

吸引力和排斥力的和便是实际作用的力。旋转磁场与永磁体相互作用产生的力，是与铁块相互作用产生的力的数倍，如图2.64所示。

如果只使用永磁体的力，那么当旋转磁场位于相邻永磁体正中间时，旋转力最大。如果加上铁块的力，则旋转力达到最大的位置稍微偏向后方永磁体。极间旋转磁场相位差被称为"进角"或"超前角"，通过调整进角来获取最大转矩的控制被称为"进角控制"。

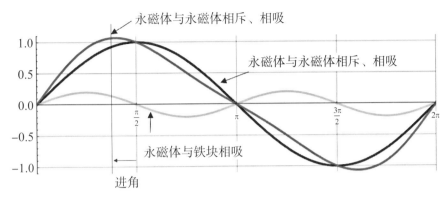

图2.64 永磁体推力、铁块推力以及它们的合成推力和进角

永磁铁产生的转矩被称为磁转矩，铁块产生的转矩被称为反凸极转矩。为什么是"反"凸极？请看图2.65。永磁体会产生磁通量，但它本身是非磁性材料，永磁体和永磁体之间设置的铁块才是磁性材料。另外，普通同步电机中产生磁通量的是电磁铁，磁场是绕在铁块上的绕组通电产生的，磁极和磁极之间是包纳线圈的大空间，没有磁性材料。

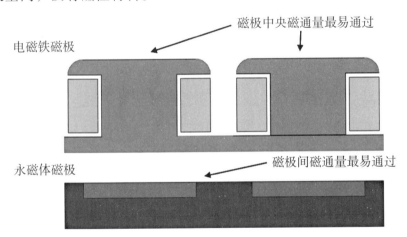

图2.65 电磁铁磁极和永磁铁磁极的凸极性区别

如果这种与电磁铁共用中心的铁块结构是正凸极，那么永磁电机的极间铁块就是反凸极。

但是，这种反凸极结构并非固定半裸永磁体专有，也可见于永磁体插入铁心的内置式永磁转子。最早展示这种转矩的应用是Bose，采用平板永磁体排成正方形结构，如图2.66所示。

非磁性材料的永磁体横放在沿磁极中心的磁路中，位于永磁体上部的弓形铁块激活了磁极间的磁通，形成反凸极效果。这项发现在学术界和工业界引起轰动，新转子结构不断涌现，如一半永磁体嵌入表面的埋入式，由Bose结构发展

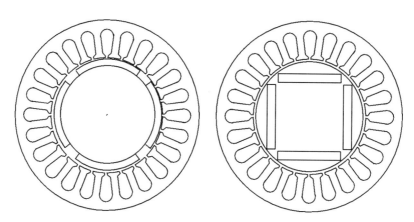

图2.66　适配同一定子的表面式和内置式永磁转子

出来的Ⅰ形、Ⅴ形，呈放射状的磁通集中型等，百花齐放。

　　定义电机常数时为何没有反凸极转矩？弗莱明的左手法则只考虑了磁转矩，并没有考虑反凸极转矩。这种意想不到的转矩反而引起了轰动，带动了永磁电机的快速发展。永磁电机很早就出现了，但有迹象表明，永磁材料的创新、高精度磁场分析、精密控制会促进其进一步发展。再加上反凸极转矩的设想，正好与高效率电机的需求相吻合，永磁电机迎来了发展热潮。曾几何时，反凸极结构的专利堆积如山。

2.8.10　外转子结构

　　抛开负载仅适用外转子的情况，采用外转子结构的主要目的是增大转矩。将结构简单的转子放到外侧，可以增大气隙直径，根据电机常数定义推测，转矩以直径的平方增大。然而，外转子结构无法在两端设置轴承，与旋转机械的连接会变得复杂。而且，定子在内势必导致铁心、线圈的容纳空间减小，冷却也更困难。这也是直流电机难以大容量化的间接原因，不加水冷很难实现高密度化。权衡得失，选择内转子还是外转子，考验的是设计能力。

　　在转子中，在内径侧、铁心能够支撑离心力的方向固定永磁体是最理想的。这样，转子更容易从外侧冷却，可在一定程度上防止永磁体过热。

　　内置式永磁电机不适合采用外转子结构。如图2.67所示，将弧形永磁体压扁后嵌入铁

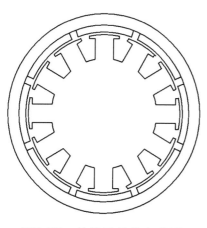

图2.67　外转子的铁心截面

心，除非转子铁心足够厚，否则难以想象。另外，在离心力作用较强的情况下，采用复杂的铁心形状会增加薄弱环节。转子形状应尽可能简单，增大气隙直径对增大转矩更有效。

2.9　材　料

2.9.1　铁心材料

铁心是构成电机形状，提供支撑强度的结构体，同时也是磁通量路径。其性能要求有两个，磁通量容易通过，不因交变磁通产生过大铁损。

"磁通量容易通过"有两层意思，一是虽然大磁通量无法通过，但小磁通量能无明显阻力通过；二是虽然磁通量无法毫无阻力地通过，但很多磁通量能通过。如果有材料能让大磁通量毫无阻力通过，那将是诺贝尔奖级别的成果。

第一层意思的材料实际上与诺贝尔奖有关。当铁中含有大量镍时，会形成一种热膨胀系数极低的因瓦合金。它的发明者于1923年获得了诺贝尔物理学奖，在量子力学爆发式发展前，这种级别的发明一览众山小。这种磁通量容易通过的合金，改良后形成一种被称为"坡莫合金"的高磁导率材料。其实，不含任何杂质的纯铁具有相当高的磁导率，也能够通过大磁通量……

第二层意思的材料发明令人吃惊。20世纪初，发现将硅熔化，加入铁中可以增大电阻率并减小涡流损耗。之后经过添加剂和制造工艺改进，发展成现在的高性能材料。设计师的困扰是，追求低损耗则难免磁特性下降。原因是多掺硅会增大电阻，减小涡流损耗，但磁阻也会增大。

2.9.2　技术资料识读重点

钢铁厂商公布的硅钢板数据除了具体的铁损和磁特性，还有密度、比电阻、机械性能、叠层占空系数、绝缘薄膜等。对电气设计者而言，最有用的资料见表2.6。

表 2.6　各种硅钢板的代表特性

牌　号	厚度 /mm	铁损 /（W/kg）				磁通密度 /T	
		W10/50	W15/50	W10/60	W15/60	B25	B50
35A250	0.35	0.91	2.25	1.15	2.84	1.56	1.66
35A440		1.54	3.42	1.90	4.24	1.61	1.70
50A310	0.50	1.17	2.73	1.51	3.52	1.58	1.67
50A1300		3.75	8.10	4.74	10.35	1.67	1.75

注意，表中列出的多是参考值，而非保证值。

例如，"W15/50"表示频率为50Hz、最大磁通密度为1.5T时的单位质量铁损，越低越好。"B50"表示磁场强度为5kA/m时的磁通密度，越高越好。随着厚度增大，铁损会因涡流而明显增大。表中给出的是工频下的数据，频率达到几百Hz时铁损增大会更加明显。在电机高速化的今天，采用更薄的钢板已然成势，0.2mm厚的材料在减小涡流方面已得到广泛应用。注意，薄板的抽取、堆叠非常费时，且很难压接固定。

另外，提升硅含量也有助于降低铁损。但从磁通密度来看，越是高级材料，磁通密度越低。也就是说，用于改善铁损特性的硅对磁化特性不利。

2.9.3　高硅钢板

JFE（日本钢铁工程控股公司）的Super-E Core就是一种通过大幅提高硅含量来降低铁损的材料。如图2.68所示，逐步提高硅含量，至6.5%时损耗最小，磁导率达到最大。不过，硅含量达到6.5%时，材料会变脆，无法热轧。因此，一般采用与半导体类似的工艺，采用CVD法将硅原子渗入普通硅钢板。磁性材料被磁化时会出现磁致伸缩，在磁化方向上略微拉伸。高硅钢板的磁致伸缩率非常低。曾有厂商利用Super-E Core进行感应电机试制，开发出无磁致伸缩噪声的静音电机。虽然优势明显，但这种材料使用长加热炉的CVD工艺成本太高。

1. 20世纪初，在铁中掺硅可以增大电阻并减小铁损现象在英国被发现，之后不断进化，如今已能精确控制添加剂和制造工艺
2. 硅含量越高，铁损越小，但4%（质量分数）是冷轧的极限，再提高就会导致钢板变脆而无法轧制
3. Super-E Core是采用CVD法将硅原子渗入轧制后的钢板而形成的
4. 钢板通过恒温长槽时，暴露在SiF_4蒸汽中，硅原子沉积到钢板表面，扩散后形成硅含量6.5%（质量分数）的高硅钢板

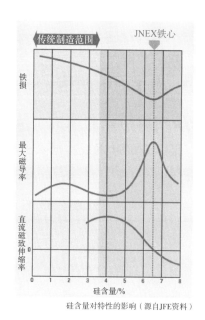

硅含量对特性的影响（源自JFE资料）

图2.68　Super-E Core硅钢板

Super-E Core的机械强度低于普通材料,饱和磁通密度限制在1.3T,对电机设计而言不具备易用性,但在超高频设备等特定用途上大有用武之地。

2.9.4 磁滞损耗和涡流损耗

铁损包括磁滞损耗和涡流损耗两种。采用积层结构是为了减小涡流损耗——它与磁通密度和频率的平方成正比。磁滞损耗是由磁化特性引起的,与磁通密度的平方成正比,与频率成正比。

磁滞指的是*B*相对于*H*的轨迹,其损耗产生原理如图2.69所示。*B*在*H*的流入和流出路径轨迹不同,产生了图2.70所示充磁和退磁曲线所包围的区域损耗。

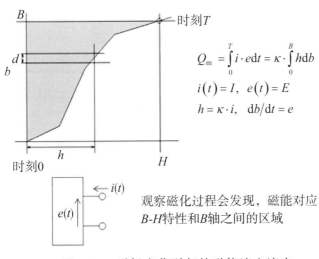

$$Q_m = \int_0^T i \cdot e \, dt = \kappa \cdot \int_0^B h \, db$$

$$i(t) = I, \quad e(t) = E$$

$$h = \kappa \cdot i, \quad db/dt = e$$

观察磁化过程会发现,磁能对应*B-H*特性和*B*轴之间的区域

图2.69 磁场变化引起的磁能流入流出

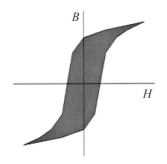

1. 画出磁性材料的磁滞回线就会发现,磁能的流入流出遵循图2.71中的公式
2. 阴影区域的面积相当于1个循环后的能量收支
3. 将硅掺入铁可在一定程度上减小磁滞损耗,工频下铁损的七成是磁滞损耗,涡流只占不到三成
4. 受到压缩力时,磁滞损耗会增大,且在交变磁场中会倍增

图2.70 磁滞损耗的计算

涡流损耗的产生过程如图2.71所示,发生在放置于交变磁场中的导体(不限于铁)中,也是电磁炉加热的基本原理。沿磁通流的导体越薄,损耗密度越低,因此,交流旋转电机通常采用沿磁通流叠层的钢板。

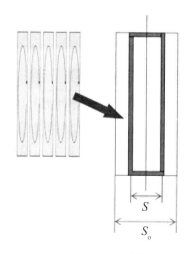

$$\frac{W_{\mathrm{fe}}}{S_0} = \frac{K_0 \cdot \sigma}{S_0}\int_0^{s0} e \cdot \mathrm{d}s$$

$$\rightarrow \frac{K_1 \cdot \sigma}{S_0}\int_0^s (B \cdot \omega \cdot s)^2\,\mathrm{d}s$$

$$\rightarrow K_2 \cdot \sigma \cdot B^2 \cdot \omega^2 \cdot S_0^2$$

式中，K_0、K_1、K_2 为系数；S_0 为钢板厚度；σ 为电导率；B 为磁通密度；ω 为角频率

1. 低 σ（高阻材料）及低 S_0（超薄材料）对降低铁损至关重要
2. 高阻材料的例子有 JFE 的 Super-E Core，超薄材料的例子有非晶薄带，但都很贵

图2.71　电磁钢板的涡流损耗

磁滞损耗与频率成正比，涡流损耗与频率平方成正比，它们的和即铁损，可简单计算如下：

$$W_{\mathrm{fe}} = k_1 \cdot B^2 \left[0.7 \times \frac{f}{50} + 0.3 \times \left(\frac{f}{50}\right)^2 \right] \tag{2.27}$$

式中，B 为磁通密度（T）；f 为频率（Hz）。

有时会使用以下经验公式：

$$W_{\mathrm{fe}} = k_2 \cdot B^2 \cdot f^{1.6} \tag{2.28}$$

2.9.5　附加损耗

选择材料的同时，还要注意冲压导致的附加损耗。例如，通过冲微孔将钢板临时连接起来的压接方法，有可能损害磁路，导致钢板之间短路出现涡流损耗。作为压接的替代方法，可以将钢板黏合在一起，这方面已有部分实际应用。

铁心的加工，除了冲压，还有激光切割、线切割、蚀刻等工艺。冲压在量产方面有着压倒性优势，激光切割等适合试制。

以冲压为例，须保持板厚1/10左右的间隙，定期研磨刀具保持锐利，确保加工精度，不产生毛刺。电机的铁心很难保持材料自身性能，毛刺会导致层间短路，涡流路径延伸。硅钢板受到压应力时，损耗会增大。如果冲压刀具钝化，材料内部就会残留压应力，损耗增大，如图2.72所示。

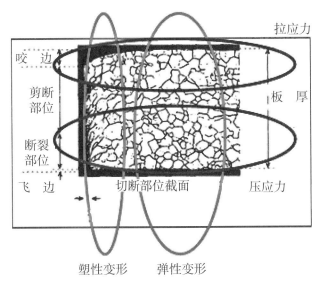

1. 毛刺：脱模后钢板切口处的翘起，存在层间短路和材料变性导致铁损增大的风险
2. 除了飞边会导致相邻层短路，拉伸、压缩、塑性变形和弹性变形也错综复杂，很难解决
3. 如果是小型电机，一般采用喷枪将毛刺烧断。东芝公司有一项用稀硝酸溶解飞边的专利

图2.72　毛刺导致铁损增大

因此，如果采用会残留压缩变形的冲压方式，磁滞损耗会增大。另外，压接位置或者方法不当，也会形成新的涡流路径，导致损耗增大。

此外，激光加工时产生的边缘熔化和收缩、装进框架后的应力集中、铁心处存在交变磁场等导致的附加铁损，也应想方设法地减小。

实际电机的铁损，一般是产品手册中给出的铁损系数乘以质量得到的铁损值的2倍。制造过程中的铁损增大比率被称为SF（叠压系数），即便加工时非常谨慎，也会达到2左右。用电磁场分析软件计算出来的数据，如果只涉及材料自身损耗，将它乘以2倍基本就吻合了，这是学术界、工业界的共识。

将目光从电机本体转向电源，电流波形失真、PWM载波频率、调制等也会影响铁损。对此，需要采用减小铁损的控制方法，如根据电机速度适当切换调制模式等。

2.9.6　压粉铁心

压粉铁心是一种不同于叠层钢板的铁心材料，由铁粉混合少量黏合剂后硬化而成。与烧结的铁氧体磁心不同，压粉铁心具有较高的机械强度，可用作汽车驱动电机的磁性材料。压粉铁心经受了10 000个大气压的加压，黏合剂的质量分数在0.5%以下，这些数值本身就很亮眼。不过，也许是因为细粉末间的电阻不够大，在EV电机的频段内没有减小涡流损耗的效果。磁滞损耗反而有增大的倾向，可能是因为铁在超高压下出现应变。由于涡流路径不像叠层钢板那样被分断，损耗密度随着尺寸的增大而以平方级增长，不适合大型电机。这种材料很容易成型，可有效用于改变直流磁通量方向的3D电机等。

2.9.7 芯线材料

芯线由铜、铝、铁等金属制成。铜线的延展性适中，电阻率仅低于银，是主要的导线。铝线的电阻率较之铜线翻倍，但更轻，也可见于部分场合。铁线多用作电力电缆增强材料，其周围绞合有导电铜线。交流电通过铁线时，电流会集中在表面，导致有效电阻增大。贵金属银的电阻率最低，但用在电机上，很可能会导致整辆车被偷走。这么来看，还是铜线适合追求高效率的EV驱动电机。

2.9.8 电磁线

线圈大致可分为模制线圈和散绕线圈。模制线圈预先成型嵌入槽中，常用于中大型电机，也可见于小型电机。相比散绕线圈，模制线圈的尺寸、绝缘性能更易管控。散绕线圈则是在铁心齿上一圈一圈绕成，耐压和机械强度有限，常用于EV驱动电机。顾名思义，电磁线是用于电磁场的导体，俗称漆包线。

常见电磁线由圆截面铜线浸涂树脂而成，具有耐压、耐热、防尘、耐化学性等特点，要根据电压及温度选择相应型号。自动绕线时，要采取软化芯线、外表打蜡等措施，以改善顺滑性。也有一些性能优异的材料，即使轻微受损也能自我修复。

2.9.9 漆膜厚度

漆膜材料多种多样，要根据用途选择。漆膜材料按可厚、中、薄分为0类、1类、2类三个厚度等级。从生产角度来看，漆膜厚度取决于芯线浸渍树脂次数，0类最费时间和精力。导线是按照芯线直径系列化的，规定了包含漆膜在内的最大外径，占空便是以此来测量的。0类漆膜不但贵，而且占空大，若非绝缘存在风险，笔者不推荐选择0类漆膜。

绕线完成后要进行两三次耐压检查。除了兆欧表直流耐压检测、工频交流耐压检测，还要通过脉冲试验检查匝间绝缘。必要时可进行针孔试验，测量绕线过程中导体上的压力。

2.9.10 高温寿命计算

线材选择指标之一便是表2.7所列的耐热等级，这个指标本意是"20 000h的耐受温度"。

表 2.7　耐热等级

耐热等级	温度 /℃
A	80
B	120
F	155
H	180
220	220
240	240

根据阿伦尼乌斯定律，温度每下降10℃，化学反应速率将减半。就线材耐热性而言，温度每上升10℃，热劣化速率翻倍。例如，线材暴露在比规定值高10℃的温度下10h，可以理解为在此期间消耗20h寿命。如果温度高20℃，暴露40h，那么除非线材因过热而烧毁，否则根据阿伦尼乌斯定律依次估算寿命消耗，发现达到20 000h便寿终正寝了。式（2.29）是在随时间t变化的温度函数$H(t)$下使用的H类绝缘寿命的时间积分，如果与汽车寿命相符，则说明绝缘系统没有问题。

$$20000\int_0^{t_0} 1/2^{\frac{T(t)-155}{10}} \mathrm{d}t \qquad (2.29)$$

2.9.11 圆截面偏差

对于圆截面，即便采用理想的六面形排列，占空系数最大也只有$\pi/2\sqrt{3}=0.907$。采用正方形排列时，占空系数为$\pi/4=0.785$，数值很小。鉴于此，矩形截面开始流行。凭借占空系数优势，虽然存在成本高、弯曲时比圆截面更易受损等问题，但矩形截面的应用逐渐普及。

这里介绍一个将圆截面裸线压成六边形截面的例子。如图2.73所示，呈六边形排列的圆截面材料可以压成边贴边的六边形。

图2.74所示为英国的实例。就实际电机而言，施加在漆包线上的压力约为200t。仅1台电机线圈就需要这么大的加压工程，终究无法实际应用。加压后的占空系数提高不明显，反而是线圈到铁心的热传导提升效果显著。之后就没有听说这项研究的进展了，也没有追随者。

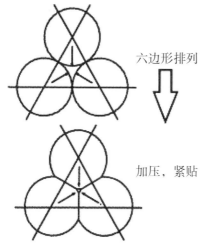

1. 圆截面排列成六边形，加压后必然变为紧贴的六角形
2. 英国有这样的先例，既享受了圆线易绕的便利，又提高了占空系数
3. 据说试制成功了，但没有看到后续进展，似乎没有实际应用
4. 制作一辆SIM-Drive用的电机，要用2000t压力机冲压144次，你愿意尝试吗？
5. 而且，这对减小损耗没什么贡献，只是散热有所改善

图2.73 将圆截面材料压成六边形以提高占空系数

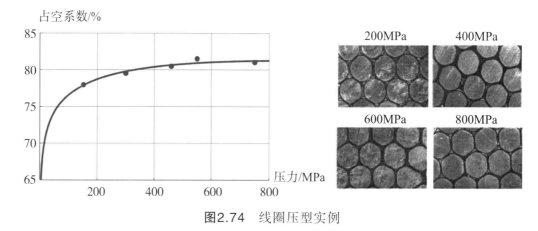

图2.74 线圈压型实例

2.9.12 永磁材料

磁场吸引磁性材料和永磁体，运动磁场可吸引导体。永磁体同性相斥也会增大电机转矩，可以说是小型高效率电机的理想材料。

为了理解磁场在没有任何输入的情况下也能持续存在的现象，必须深入理解永磁体的内部结构。电子自旋会形成微磁体，其方向通常是随机的，合成矢量为零，不会对外部产生影响。将微磁体的方向在磁场中对齐并强制固定下来，便得到永磁体。对齐的微磁体极性是一致的，根据同极性相斥原理，它们会背道而驰。强磁体是由稀土元素钕等黏合而成的。

2.9.13 稀土元素

近年来，随着稀土元素的应用，永磁体性能得到极大提升。如图2.75所示，

多个电子围绕原子核运行构成原子。但电子运行轨道是受限制的，只有特定数量的电子能够进入特定位置，如K核、L核。只有$2(2n-1)$个电子可以从内侧进入第n位置。随着原子序数增大，情况会变得越来越混乱，因为电子有时会被抛出，即使它们是从内侧按顺序进入的。原子序数增大，围绕原子核运行的电子也会增加，但它们不是顺利进入最外层轨道，而是先进一半，接着向内走，然后停止向内走，在还有空间的地方进一步向内走，这种现象很奇怪。

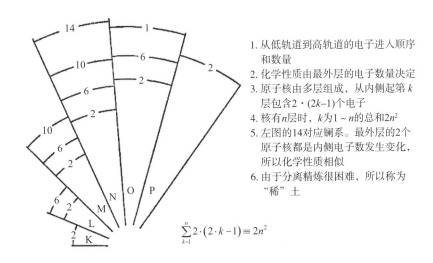

1. 从低轨道到高轨道的电子进入顺序和数量
2. 化学性质由最外层的电子数量决定
3. 原子核由多层组成，从内侧起第k层包含$2 \cdot (2k-1)$个电子
4. 核有n层时，k为$1 \sim n$的总和$2n^2$
5. 左图的14对应镧系。最外层的2个原子核都是内侧电子数发生变化，所以化学性质相似
6. 由于分离精炼很困难，所以称为"稀"土

$$\sum_{k=1}^{n} 2 \cdot (2 \cdot k - 1) \equiv 2n^2$$

图2.75 稀土元素（镧系）原子核中的电子排列

稀土元素的物理和化学性质主要由最外层轨道电子数决定，内部轨道有电子的元素之间无明显差异，只是原子序数增加了。这方面的例子便是两个稀土元素组，如图2.76所示。

在稀土元素组中，电子从外部进入第2轨道，增加原子序数。稀土元素的物理、化学性质相似，尽管可以大量获得含有稀土元素的矿石，但极难分离精炼。虽然名为稀土，但随着分离精炼技术的进步，近年来也相对容易获取了。发现者有对元素命名的权利。近些年陆续被发现的镧系元素见表2.8，有根据外观命名的，有根据星体命名的，还有根据地名命名的，简直是随心所欲。

镧系元素中的镨、钕、钐、镝可用于永磁体，其作用是在施加磁场的过程中，固定铁中方向各不相同的原子磁矩。这些材料都不便宜，用于增大矫顽力、提高耐热性的紧固材料镝尤其贵。为了减少镝的使用，各种想法不断被提出，如通过细化磁性粒子提高其自身的紧固能力，或者只在对特性改善有效的表面使用镝等。

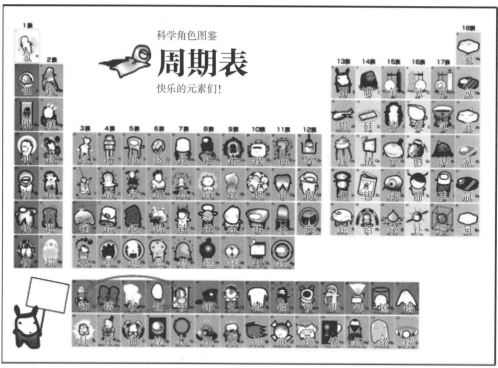

1. 永磁材料中的稀土元素为镧系的钕、镨、钐
2. 前两种元素的性质如双胞胎般相似，难以分离
3. 最初确认的镨取"绿色双胞胎"之意，接着确认的钕取"新双胞胎"之意
4. 镨磁体通过热轧产生磁力，钕磁体通过烧结产生磁力
5. 镨磁体在制造方法专利纠纷中败诉后终止生产了
6. 钐磁体的特点是耐热、脆弱

图2.76　稀土元素的所在

表 2.8　镧系元素的命名

元素名	符　号	由　来
镧	La	希腊语"隐藏"
铈	Ce	"谷神星"（新发现的小行星）
镨	Pr	希腊语"绿色（谱线）双胞胎"
钕	Nd	希腊语"新双胞胎"
钐	Sm	"铌钇矿"（samarskite）所包含的矿石
铕	Eu	"欧洲"
钆	Gd	"加多林"（Gadolin，芬兰矿物学家）
铽	Tb	"伊特比"（Ytterby，瑞典的村落）
镝	Dy	希腊语"来之不易"
钬	Ho	"斯德哥尔摩"
铒	Er	"伊特比"（Ytterby，瑞典的村落）
铥	Tm	"Thule"（斯堪的纳维亚的旧称）
镱	Yb	"伊特比"（Ytterby，瑞典的村落）
镥	Lu	"卢泰西亚"（Lutecia，巴黎的拉丁文名）

2.9.14 永磁体性能的提升

永磁体特性竞争激烈，材料专利、制造方法专利逐年堆积如山。如图2.77所示，曾经的主流如今已沦为非主流，更新换代非常快。

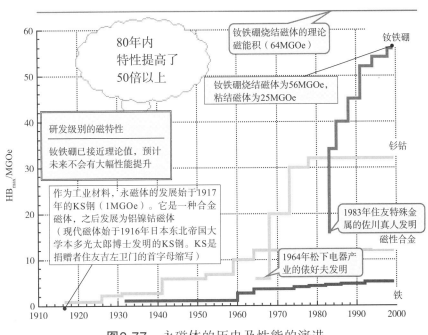

图2.77 永磁体的历史及性能的演进

"世界最强磁体"是钐钴磁体，打败它的是钕磁体。钐钴磁体适合有特殊耐热要求，如极低温、运转中磁化/退磁等的特殊场合。然而，钕磁体并非唯一受重用的磁体，如图2.78所示，其他磁体也各有用武之地。例如，廉价但磁力弱的

磁体类型		Br/KG	Hc/KOe	(BH)max/MGOe	特 点	特殊应用
铝镍钴		11.5	1.6	11.0	充退磁容易	记忆电机
铁氧体烧结		4.4	2.8	4.6	廉价，无资源性问题	伦德尔电机
稀土磁体	钕铁硼烧结	14.2	12.0	50.0	大 (BH)max	应用实例多
	钐钴烧结	11.6	10.1	32.0	高耐热性	
	镨压延	11.0	8.4	27.0	用于机加工过程中需要高附着力的部件	高效率齿轮

记忆电机：用低矫顽力磁体，由电枢适当充退磁

伦德尔电机：用铁氧体磁体遮挡转子磁路

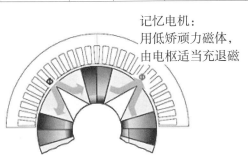

图2.78 各类磁体的特性和应用

铁氧体磁体广泛用于日常应用，将它用于特殊结构电机可以获得与钕磁体电机相当的性能，这方面有不少研究案例。

采用铝镍钴系金属磁体的记忆电机，在运转过程中由电枢提供脉冲电流进行充退磁，德国一直在进行这方面的研究。"记忆"一词源自这一操作与计算机磁心存储器的两极充磁相似。要指出的是，这种记忆电机本身还达不到实用要求，但已有利用新材料、新技术的成功例子。

2.9.15　永磁体在电机中的作用

人们常说永磁体中藏着无限能量，若能从中提取出驱动力，那么永动机将不再是梦……但这是不可能的。永磁体只是提供磁场支持能量转换，本身并不做功。以引力场为例，落在高山上的雨水，可通过水车转换为动能，再通过发电机转换为电能。低处的水受热后蒸发、上升并形成云，再次获得势能。地球引力场只是支持这种能量循环。

永磁体磁场也是如此，永磁体本身不做功。一种典型的反对意见是，铁钉紧贴永磁体后会带有一点点磁性，这不是永磁体给的磁能吗？如图2.79所示，一手拿条形磁体，一手拿铁钉，使它们在感受到轻微吸引力的同时彼此靠近，待它们紧贴后拉开至初始状态。经过这一过程，钉子会带有些许磁性，但给予它磁能的不是永磁体，而是肌肉。靠近的是铁和永磁体，拉开的是永磁体和永磁体，拉开时的吸引力略强。总的来说，肌肉给这个系统提供了少许能量，经过转换变成了

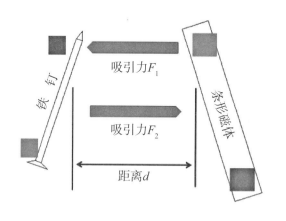

图2.79　永磁体磁化铁钉的能量转换

铁钉中的磁能。重复这个动作，即便使100万根铁钉磁化，永磁体也不会失去磁场，只会使肌肉疲劳。

永磁体的磁场真是永久的吗？正确答案是"永久"，但劣化问题无法避免，机械力、氧化、温度、反向磁场等都会损害永磁体的性能。

2.9.16 永磁体应用实务

图2.80所示为从永磁体手册上截取的磁化特性。磁化特性基本上是B-H特性，经常加上真空磁导率后绘制成I-H特性。B-H特性描述的是从外部施加的H和永磁体部分B的关系，永磁体特性与真空特性是重叠的。尤其是在第2象限中，本来对应$-H$的是$-B$，但永磁体强制将其提升为正。因此从表面看，通过在表观B-H的纵轴添加B对应的真空H，得到I-H特性，以体现永磁体的真实性能。然而，这并不是许多技术资料给出I-H特性的真实目的。B-H向下弯曲到第3象限的节点，出现在I-H特性的第2象限中，这是为了更容易找到临界矫顽力。另外，大部分电气量都采用MKS单位制，只有B-H特性采用KOe-KG单位制，这是因为真空磁导率的斜率为1，容易查看。

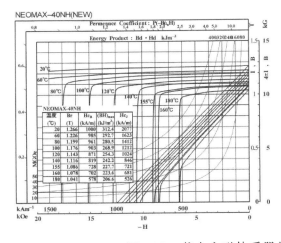

永磁体的退磁特性：

1. 单位厚度第2象限的磁特性被称为退磁特性，在判断电机的极限方面非常重要
2. B-H特性、I-H特性、磁能积双曲线、回复线经常会混在一起
3. 随着温度上升，要注意劣化问题

图2.80 截自永磁体手册的B-H特性

永磁体退磁分为可逆和不可逆两种。随着温度上升，钕磁体的磁通密度以0.1%/℃左右的速率下降，温度下降后会恢复原始状态的称为可逆退磁。另一方面，当工作点在高温条件下由于强烈电枢反应而降至节点以下，就无法恢复原始状态了，具体过程如图2.81所示，这被称为不可逆退磁。永磁体一旦发生不可逆退磁，就无法通过充磁来复原了。受热退磁后，再次充磁是可能的。

选定永磁体材料后，确定厚度的过程可以理解如下。

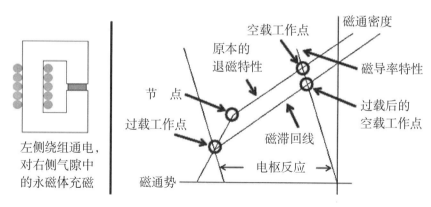

永磁体过热时，节点向低磁通势侧移动，容易永久退磁
丰田等正致力于弄清谐波磁通量导致的永磁体过热

图2.81　永磁体的退磁特性与退磁过程

① 如果永磁体厚度与气隙长度成正比，则气隙磁通密度不变。因此，可以最小化气隙长度，减薄永磁体。

② 即使永磁体变薄，多极化后有负载时的反作用磁通势下降，也可以降低永久退磁的风险。

③ 为了避免退磁，控制永磁体温升十分关键。为此，要消除来自定子的影响，控制转子自身发热，并且设法改善冷却效果。

④ 转子自身发热包括铁心发热和永磁体发热。铁心发热可以通过使用低铁损材料来改善，永磁体发热可以通过叠层来减小涡流加以避免。有人认为，比起PMW导致的时间谐波磁通量，槽产生的空间谐波磁通量更严重。原因不同，适当的叠层节距各异。

关于永磁体自身发热，有必要加以解释。使用磁能积大的稀土永磁体时要注意涡流损耗，因为它们的电阻率大约是不锈钢的3倍。永磁体会受槽谐波或逆变器载波产生的谐波磁通量的影响。一定大小的永磁体在毫无措施的情况下暴露在这种磁场中，就像电磁炉加热平底锅，涡流损耗非常大。增大电阻值的尝试均未成功，最终发现与铁心材料相似的叠层是有效手段。叠层过厚或过薄都不好，厚度要与流入的谐波磁通量相适应。

永磁体内涡流的计算如图2.82所示。中括号前的公式表示的是无限长导体中的涡流损耗。中括号内是所谓的"罗素系数"，与无限长度相比，有限长度的涡流损耗值更小。如果永磁体的长度是宽度的五六倍及以上，那么即使忽略罗素系数，无限长度的公式也不会出现明显偏差。

置于均匀交变磁场（振幅B、频率f_r）中的导体周围的总涡流I_r的理论值可用下式计算：

$$I_r = -\frac{1}{2} \cdot \frac{\partial B}{\partial t} \cdot \frac{1}{\rho} \cdot \left(\frac{W}{2}\right)^2 \cdot D \left[1 - \frac{32}{\pi^3} \sum_{n=1}^{\infty} \frac{(-1)^n}{(2n+1)^3 \cdot \cosh(2n+1) \cdot \frac{\pi \cdot L}{2 \cdot W}}\right]$$

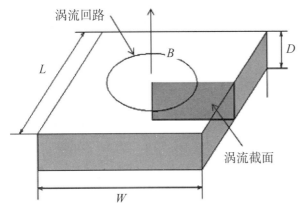

计算：
电阻率150μΩ·cm
尺寸35mm×85mm×7mm
磁场0.02T
频率30Hz
$\Rightarrow I_r = 1.7A$
极微量，可以忽略

图2.82 表面永磁体在交变磁场中产生涡流的估算

永磁体本身属于陶瓷类，其热膨胀系数分别为树脂的1/100、铁的1/10左右，但在材料阶段施加磁场的定向过程中，磁场方向为正值，与之垂直的方向为负值，存在不对称性，很难处理。

介绍永磁体本身发热、低膨胀系数之后，笔者想到"难道不能用环形永磁体制作一个结构简单的转子？"通常情况下，转子制造涉及将小块永磁体附着于铁心表面或插入铁心内部的复杂工序，如果能将环形永磁体黏合在圆柱形叠层铁心上，转子结构就简单多了。于是笔者进行了试制，环形永磁体电机的截面如图2.83所示。用三相PWM逆变器驱动电机，一段时间后转矩减小，失速，最终永磁体破损。尽管最终采取各种措施解决了开发问题，但起初的问题是没有考虑永磁体本身的发热和复杂的膨胀率是由以下原因造成的：

① 覆盖转子整个表面的环形永磁体是PWM产生的时间谐波磁通量、电枢槽产生的空间谐波磁通量感应加热的主要目标。

② 永磁体的热量传递到转子铁心，使转子铁心热膨胀。永磁体属于陶瓷，不会发生太大的热膨胀，而是在与其垂直的圆周方向上收缩，被转子铁心强大的力往外推。

③ 铁心与永磁体之间黏合剂的热膨胀系数比这些无机材料大，也可能起到了外推永磁体的作用。

④ 电机转矩减小是永磁体过热退磁所致，失速是因为黏合剂融化了，只有永磁体空转。而后，当内部的推力超过永磁体强度极限时，永磁体破损。

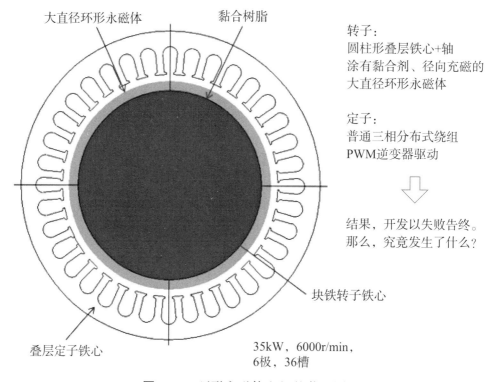

大直径环形永磁体　　黏合树脂

转子：
圆柱形叠层铁心+轴
涂有黏合剂、径向充磁的
大直径环形永磁体

定子：
普通三相分布式绕组
PWM逆变器驱动

结果，开发以失败告终。
那么，究竟发生了什么？

块铁转子铁心

叠层定子铁心

35kW，6000r/min，
6极，36槽

图2.83　环形永磁体电机的截面图

了解设计步骤，掌握材料知识后，接下来就要知道在电机侧做什么，才能在指定工作点使效率最大化。

2.9.17　铁机和铜机

电机是有限空间内铁和铜的竞争，无论偏向哪一方，电机特性都会发生变化。在一定磁通密度下，增大铁的占比，总体磁负荷变大，这样的电机称为铁机。相反，在一定电流密度下，增大铜的占比，总体电负荷占优势，这样的电机称为铜机。就变压器而言，即便负荷波动，电压依然稳定的铁机被认为更高级。但就电机而言，对这种好处的期待值本来就不高，反而视其为保持高效率的策略。

现状是不太清楚设计时究竟该如何确定目标，电机结构只能通过一系列复杂计算来收敛。一般在高频高速区，铁损会变大，所以铁损占比小的铜机更有利。相反在低速区，虽然输出功率低，但消耗电流大，所以铜损占比小的铁机更有利。但在中间点，铜损和铁损相等时效率最大的理论也很有意思，下一节尝试证明这一点。

2.9.18　效率最大化原理

确实存在一些两个因子相等时可以使一个量最大化的现象，例如，电池内阻和负载电阻相等时，负载电阻耗散功率最大。

电机效率也符合这一规律吗？笔者建立方程进行了求证，结果是"成立"，计算过程如下。

① 假设损耗只包括铁损和铜损，其中铁损占比为kk，铜损占比为$1-kk$。

② 令总损耗与负载之比为mm。

③ 无论负载率x是多少，铁损（固定损耗）为$mm \cdot kk$（函数wfe）。

④ 铜损（可变损耗）与负载率（对应电流值）的平方成正比（函数wcu）。

⑤ 定义相对于负载率x的效率（函数eff）。

$$\text{wfe}(x, kk, mm) = mm \cdot kk$$

$$\text{wcu}(x, kk, mm) = mm \cdot (1-kk) \cdot x^2$$

$$\text{eff}[x, kk, mm] = x/(x+\text{wfe}+\text{wcu})$$

$$\text{eff} = x/[kk \cdot mm+x+(1-kk) \cdot x^2]$$

在一定的kk条件下，效率最大化的负载率作为效率导数为零的点来求取。

$$\max \text{eff}(kk) = \sqrt{kk/[(1-kk)]}$$

表2.9总结了改变kk时使效率最大化的负载率。

表 2.9　铁损占比与效率最大化负载率

铁损占比	效率最大化负载率
0.2	0.500
0.3	0.654
0.4	0.816
0.5	1.000
0.6	1.224
0.7	1.527
0.8	2.000

若想在负载率为1.0的情况下使效率最大，铁损占比要取0.5。也就是说，铜损占比也是0.5，证明了"铁损和铜损相等代表工作点的效率最大"的说法。

2.10　控　制

2.10.1　二轴理论

同步电机转子的坐标系由永磁体磁通量方向及其垂直方向构成，类似于地球上以经线和纬线作为坐标系。在这样的坐标系中，电压、电流、磁通量的矢量是静止的，便于处理。如图2.84所示，永磁体磁通量方向表示为d轴，其垂直方向表示为q轴，假设整体以逆时针方向旋转。

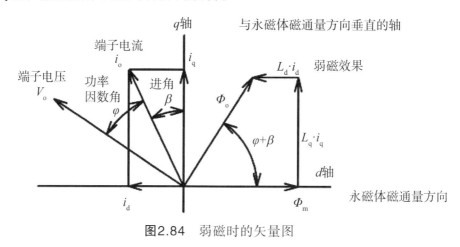

图2.84　弱磁时的矢量图

2.10.2　转矩方程

d轴电流i_d和d轴电感L_d之积产生的磁通量$L_d i_d$，会叠加到永磁体磁通量Φ_d上。而q轴上只有电流i_q和q轴电感L_q之积产生的磁通量。

如图2.85所示，d轴和q轴的磁通量分别与电流i_q、i_d相互作用，产生转矩，并合成总转矩。

除了永磁体磁通量与i_q相互作用产生的转矩，L_d和L_q存在差异也会产生被称为磁阻转矩的第二转矩。此外，将i_d设为负值来抑制永磁体磁通量时，如果$L_d<L_q$，则第二转矩为正值，可补强第一转矩。当永磁电机在极限电压下高速旋转时，弱磁电流无法避免，可以将这个原本是无功电流的i_d转换为转矩电流。

实际的电机驱动器，要在电压、电流限制范围内产生最大转矩。i_d、i_q的理论值可以在电压不受限制的低速区产生最大转矩，但随着转速提升，电压受到限制时，由于弱磁控制重叠，理论值就不再适用。有效措施之一便是电流映射，即根据台架试验结果，反复测试每个负载点要注入的i_d、i_q，准备映射表，这是一个非常耗时的过程。若能实时测量转矩，就不需要映射表了，从低速区到高速区，在转矩增大的方向上依次设定进角即可，但这还未能形成学术成果。

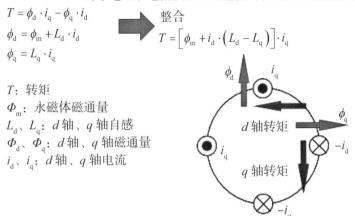

结合上一页的矢量图，可以更好地领会基本原理
对于电压、电流极限下的速度–转矩特性的形成至关重要

$T = \phi_d \cdot i_q - \phi_q \cdot i_d$

$\phi_d = \phi_m + L_d \cdot i_d$

$\phi_q = L_q \cdot i_q$

整合

$T = \left[\phi_m + i_d \cdot \left(L_d - L_q \right) \right] \cdot i_q$

T：转矩
Φ_m：永磁体磁通量
L_d、L_q：d轴、q轴自感
Φ_d、Φ_q：d轴、q轴磁通量
i_d、i_q：d轴、q轴电流

图2.85　电磁转矩生成

2.10.3　三相PWM逆变器的结构

无论采用哪种控制方式，都要注入i_d、i_q。然而，逆变器本身并非电流源型，而是电压源型，即可变电压可变频率型（VVVF），这也是现代轨道列车中的主流。PWM是一种由直流电压产生交流电的典型方式，以虚拟中性点为中间值，建立一个峰值为1/2直流电源电压的正弦波电压。当直流电源电压值为V_{dc}时，施加于电机的线电压为$\sqrt{3/2} \cdot V_{dc}/2$。为了发挥电机性能而需提高端子电压时，可采用过调制空间矢量控制等方法，如图2.86所示。

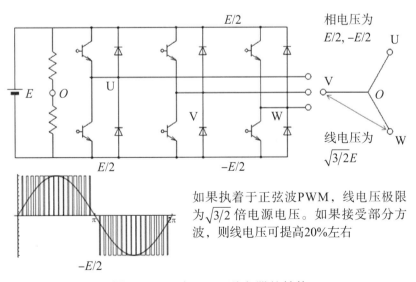

相电压为
$E/2$，$-E/2$

线电压为
$\sqrt{3/2}E$

如果执着于正弦波PWM，线电压极限为$\sqrt{3/2}$倍电源电压。如果接受部分方波，则线电压可提高20%左右

图2.86　三相PWM逆变器的结构

2.11　感应电机

2.11.1　结　构

　　感应电机的别名是异步电机。在旋转磁场中，同步电机与磁场同步旋转，而异步电机的旋转比磁场略快或略慢。感应电机的定子与同为交流电机的同步电机类似，但是，它具有排斥原旋转磁场以外的谐波磁通量的特质，所以不宜采用集中式绕组，只能采用分布式绕组。

　　感应电机的转子结构与同步电机明显不同。以鼠笼式电机转子为例，在由叠层钢板制成的圆筒外圆周开槽，埋入条形二次导体，并在铁心两边用端环连接起来。如图2.87所示，条形导体和端环组成的结构就像旋转鼠笼，"鼠笼式电机"由此而来。

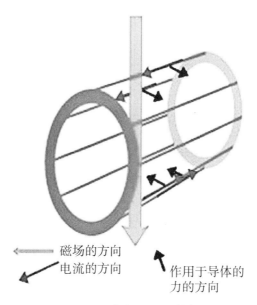

磁场的方向
电流的方向
作用于导体的
力的方向

图2.87　感应电机的结构

　　绕线式电机与鼠笼式电机不同，以多相绕组取代条形导体，绕组引线沿轴拉出经碳刷接至固定部位，而后以适当电阻短路。它有很多优点，如可以通过电阻值操作转矩特性，将二次侧产生的焦耳损耗引至电机外部进行散热等，但其不适用于汽车，这里不作深入讨论。

　　鼠笼式感应电机的二次导体，原本不是如今的形态。起初，只能将条形导体插入端环中，用银钎焊或类似方法焊接起来，之后想到铝压铸。铝的电阻是铜的2倍，而且压铸过程中产生的"铸孔"会进一步增大电阻，因此效率低下。不过由于成本低且坚固，鼠笼式感应电机现在成了感应电机的代名词。

有人尝试铜压铸（原型如图2.88所示），但铜的熔点高达1200℃，似乎很难成功。熔点高造成了许多困难，如铸模损坏、硅钢板变性，铜条会因温差过大的冷却过程而收缩、断裂等。此外，铜的价格高且质量大，至今不曾听说过它实际用于汽车电机转子。

8极电机截面
· 电枢48槽
· 转子44槽

转子由铜而非铝压铸而成，目的是提高效率

忌惮谐波磁通势的感应电机，必须采用分布式绕组。为了保证效率，必然要选用少极多槽的结构

图2.88　铜铸鼠笼式转子

虽然铝压铸简单又便宜，但即便试制，也必须制作铸模。尽管最终产品比永磁电机便宜，但试制阶段耗费的时间和成本比永磁电机多。

在感应电机中，一次电流产生的磁场通过气隙到达转子，感应出二次电流产生旋转力，定子和转子的磁耦合越强，特性越好。为此，感应电机的气隙比同步电机更窄，小型电机约为0.3mm，轨道用的大型电机为1～2mm。如果能理解气隙长度/极距是气隙磁通生成的难度指标，便能想象得到增大极数时，气隙成反比缩小。鉴于此，感应电机的极数多限制在6～8，与动辄20极的永磁电机明显不同。

近来，感应电机也顺应时代潮流向高效率发展，笔者看到的只是通过径向或轴向扩大体积来谋求高效率。对于仅由铁和铜（一次导体）以及铝（二次导体）等基本材料组成的感应电机，未见有永磁电机中永磁体那样的材料创新。进一步来说，永磁电机中还引入了集中式绕组和游标原理等，这是感应电机做不到的。有时在学术界能看到感应电机减损措施，如图2.89所示。切去二次导体头部，可以消除侵入谐波磁通量产生的涡流损耗，尽管导体面积减小，但整体性能提升。问题是，二次导体头部失去支撑，现实制作不出来。

在100多年的历史中，电机结构经历了无数次尝试，但都是细枝末节。

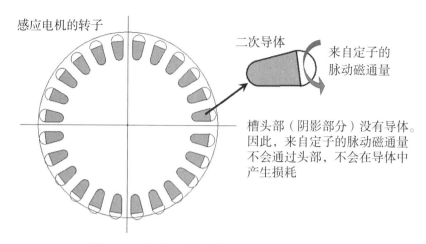

图2.89　切去二次导体的头部以减损

2.11.2　原　理

　　麦克斯韦方程组第2式的右式带负号，使感应电机得以成立。如图2.90所示，当N极远离时，导体中的磁通量减弱，导体会不断吸引S极，尝试恢复磁通量，流入导体的磁通量增大。这时，相对于远处的N极，导体会被磁化为S极，和移动磁场之间产生吸引力。另一方面，被磁化的导体会试图远离跟随过来的S极，于是形成了旋转力，感应电机旋转。

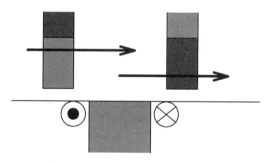

图2.90　移动磁场中导体的感应电流产生的极性

　　在永磁电机中只有速度与旋转磁场相同、位置恰当的永磁体会正常旋转。而在感应电机中，哪怕将钢鼓放在旋转磁场中也会旋转，而且从停止状态到最高速度很平滑，不会出现失速的情况。感应电机的便利性优于永磁电机。

　　感应电机的电特性可以表示为T形等效电路，如图2.91所示。当转子静止时，感应电机就是带气隙的变压器。伴随着滑差开始旋转时，二次侧因滑差倍增而以低频感应出低电压，二次侧电抗也因滑差倍增而减小。只有二次侧电阻不受频率影响，保持原有值。因此，与转子静止时相比，流入二次侧的电流可以看作二阶（电感+电阻/滑差）电流。

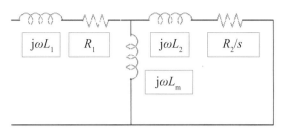

图2.91 感应电机的T形等效电路

　　求出二次侧感应电流后，考虑到一次电流和二次电流之间存在电磁力作用，就容易理解其特性了。例如，二次导体电阻减半，根据欧姆定律，二次电流会翻倍。因此，与一次电流相互作用产生的转矩会增大，电机转速增大，滑差减小。随着滑差减小，二次感应电压降低，滑差减半时会得到接近原始电流的值。因为电流为原值，电阻减半，所以产生的焦耳损耗亦减半。因此，二次导体电阻值越小，电机效率越高。以电流为焦点的T形等效电路能很好地表现这一过程。

2.11.3 与永磁电机的比较

　　感应电机的效率低于永磁电机，为了在气隙处生成磁场，一次电流中要增加励磁电流，所以一次铜损会增大。另外，流经二次导体的电流会产生二次铜损，会导致感应电机的效率大大降低，尤其是在低速区，如图2.92、图2.93所示。

　　感应电机通过定子励磁电流产生气隙磁场存在过热或磁饱和风险，磁负荷自然受到限制，约为永磁电机（由永磁体产生气隙磁场）的2/3。少极化和窄气隙

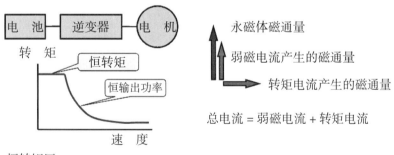

恒转矩区：
　　转矩 = 永磁体磁通量（一定）× 最大电流（一定）
额定输出范围：
　　端子电压 = 永磁体磁通量产生的感应电压 – 弱磁电流产生的压降
　　转矩电流 = 最大电流 – 弱磁电流
　　转矩 = 永磁体磁通量（一定）× 转矩电流（随着转速升高而减小）

低速区的最大转矩存在电流增量、退磁的限制

图2.92 永磁电机的输出特性

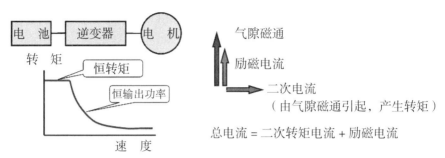

恒转矩区：
　　转矩＝气隙磁通（饱和磁通一定）×二次电流（根据气隙磁通）

恒功率区：
　　转矩＝气隙磁通（随转速增大而减小）×二次电流（根据气隙磁通）

低速区的最大转矩存在磁通量增量等多种限制

图2.93　感应电机的输出特性

有利于励磁。但少极化可能会导致磁轭过厚，超出电机体积限制；窄气隙会助长气隙磁通中的槽谐波分量，在二次导体中产生不必要的损耗。此外，定子和转子稍有偏心就会发生摩擦。

作为电动汽车（EV）、混合动力汽车（HV）的驱动电机，感应电机基本上被永磁电机取代了，但特斯拉电动汽车仍采用感应电机，原因见表2.10。

表 2.10　永磁电机与感应电机的比较（摘自特斯拉公司官网）

永磁电机	感应电机
转子结构脆弱，无法高速旋转。如果是HV，与发动机同步，相对缓慢地旋转，所以耐用	如果是EV，可以利用转子结构牢固的优点高速旋转，能够实现小型高效
过载会导致永磁体不可逆退磁，瞬间抱死。如果是HV，有发动机辅助，可避免过载	因为是EV驱动电机，所以必须能够瞬间承受大负荷，但会因热劣化累积而缓慢抱死

轨道列车基本上采用开放式感应电机，但永磁电机发热量小，可以采用全封闭结构，能够保持内部清洁，不需要经常维护，虽然初期成本高，但考虑到几年后就能收回成本，东京地铁也采用了永磁电机（图2.94）。

东京地铁
千代田线16000系

图2.94　轨道列车也采用永磁电机

第3章
轮毂电机设计实务

3.1 需求性能的定量化

3.1.1 轮毂电机基础知识

研发先要有一个要实现的目标，然后考虑在什么条件下可以实现，并寻求如何以更便利的方式实现目标。换句话说，研发的要素是技术。尽管本书主题是"轮毂电机设计"，但并不表示这种技术是万能的或最好的，只是把它作为一种实现电动交通工具的手段引入，最终"物"的形式要凭借客观依据，基于目标和愿景来明确。在此列举一系列研究及设计过程，供轮毂电机乃至电动汽车驱动系统设计人员参考。最终，能选用轮毂电机当然好，如果选择其他驱动方式，只要技术研究得当，也乐见其成。

在人类历史上，为了利用人或牲畜等的力量更好地移动负荷，人们最初采用圆木，后来发明了车轮。19世纪英国工业革命，蒸汽机的发明在传统减荷技术的基础上增加了产生"动力"的技术，人类的物理性移动能力发生了飞跃性提升。进入20世纪，随着作为动力源的能量多样化，动力装置也变得多样化。动力装置大致可分为两类：直接燃烧化石燃料获取动力的内燃机，如发动机；使用通过各种方法生成的"电"的装置，如电机。它们各具特性和特征，被选择性地用在合适的地方。

轮毂电机是以移动人或物为目的的轮式工具动力源，采用在车轮内部或附近配置电机的结构，电机和车轮一样位于悬架"簧下"侧。

轮毂电机相关应用实例可参考第1章，这里以笔者参与设计的SIM-Drive公司最早的电动车"SIM-LEI"（图3.1）和同时期开发的8轮驱动纯电动客车（图3.2）为例，讲解轮毂电机性能需求。

图3.1　SIM-LEI

图3.2　轮毂装置

　　起初庆应义塾大学开发了几辆电动汽车，其中最受关注的是Eliica。这辆汽车将电池和逆变器置于箱形地板下框架内，电机安装在车轮的旋转轴部分。其设计理念是将电动汽车的驱动系统都集成于台车结构中，尽可能增大驾乘（使用）空间自由度。尽管电机并未完全收纳于轮毂中，但Eliica在很大程度上对日本电动汽车及轮毂电机概念的普及起到了示范作用。

　　笔者在庆应义塾大学电动汽车研究室参与了直驱外转子电机开发，目的是进一步提高轮毂电机的性能。具体思路是利用大直径外转子产生大转矩，取消减速机构，以提高能效。之后以该技术为核心的电动汽车开发风投公司SIM-Drive于2009年成立，存续至今。SIM-LEI是SIM-Drive最早开发的电动汽车，是一辆采用直驱外转子电机的四轮驱动轮毂电机式电动汽车（图3.3）。

　　与该项目同步进行的还有日本环境省资助的纯电动客车开发，驱动系统也采用同类型直驱电机。电动客车的外观如图3.4所示，前轮和后轮的轮毂电机结构分别如图3.5、图3.6所示。电机本身只有输出传动轴的结构与SIM-LEI不同，电磁设计与SIM-LEI完全相同。

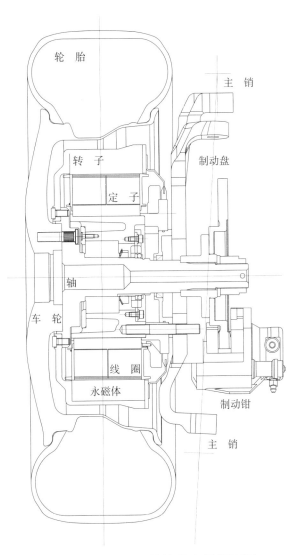

图3.3 SIM-LEI的轮毂电机剖面图

图3.4 低地板电动客车的外观

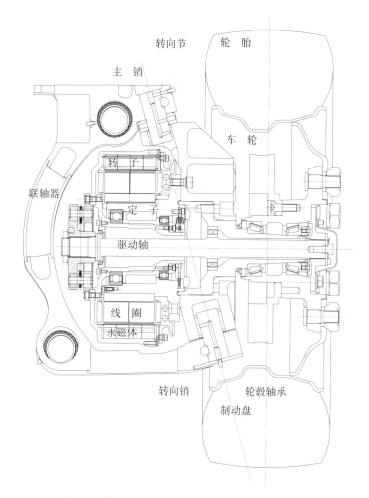

图3.5 低地板电动客车前轮毂电机剖面图

3.1.2　轮毂电机的作用

一般来说，轮毂电机是产生驱动力的动力源，除此之外它还具备其他多种功能。

① 产生驱动力，输出与电流成正比的转矩。根据所需的驱动力计算输出功率和转矩，进而推导出需求特性和需求功率。同时，根据估计耗电量，计算出"能量消耗率"。

② 产生制动力，输出与转矩成正比的电流（再生制动）。根据所需再生率，由制动转矩推导出输出功率。

③ 车轮保持（车轴功能）。支撑车身质量的同时，将驱动力、制动力、转向力传递给转向节。计算各种载荷，确定轴承规格。

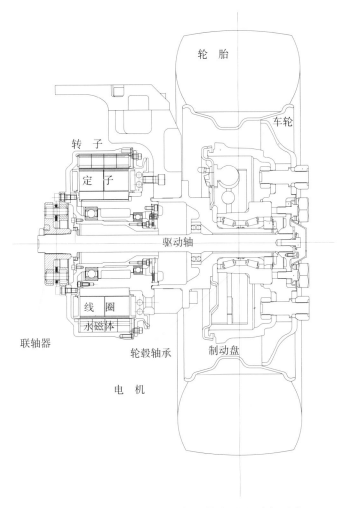

轮 胎

车 轮

转 子

定 子

驱动轴

线 圈

永磁体

联轴器　　　　　　　轮毂轴承　　　　制动盘

电 机

图3.6　低地板电动客车后轮毂电机剖面图

④ 车辆底盘结构。簧下结构有轻量性、结构稳定性和耐久性要求。此外，电机电源线、传感器线等有耐久可靠性要求。

明确长期的各种负荷条件，进行结构计算，确定周围结构。

如上所述，轮毂电机是一种需要考虑各种功能，有着综合设计要求的部件。正因为如此，还有许多技术难题有待克服，尚不适用于量产品。

本书将介绍轮毂电机的具体功能，并探讨笔者及其开发团队实际面临的问题，希望能在读者实际参与电动汽车驱动系统设计时提供些许参考。

3.1.3　行驶阻力计算

这是电动汽车设计的第一步，计算出想要制作的电动汽车的基本性能。设定性能要求时，要注意可能存在多种官方标准要求（最高车速、加速度、爬坡性能等）。

计算前应明确的参数见表3.1。先根据这些参数计算行驶阻力，然后计算电动汽车所需的电机性能。行驶阻力可用下式计算：

$$F_{\mathrm{W}} = F_{\mathrm{RO}} + F_{\mathrm{L}} + F_{\mathrm{ST}} \tag{3.1}$$

车辆克服该行驶阻力，以速度v行驶时的输出功率为

$$P_{\mathrm{W}} = F_{\mathrm{W}} \times v \tag{3.2}$$

式中，行驶阻力单位是N（牛顿），速度单位取m/s时输出功率单位为W（瓦特）。这是静态的稳态负荷，实际上还要考虑加减速产生的动态阻力，由此确定耗电量。

表 3.1　基本参数和单位

符　号	名　称	单　位	符　号	名　称	单　位
A	最大正面投影面积	m²	m	车辆质量	kg
a	加速度	m/s²	n	转速	r/min
C_{d}	空气阻力系数	无量纲	P	输出功率	W
F	驱动力	N	P_{W}	行驶输出功率	W
F_{cf}	离心力	N	p	坡度	%
F_{L}	空气阻力	N	r	轮胎滚动半径	m
F_{RO}	滚动阻力	N	s	行驶距离	m
F_{ST}	坡度阻力	N	t	时间	s
F_{W}	行驶阻力	N	v	车速	m/s
f	滚动阻力系数	无量纲	v_{o}	逆风速度	m/s
G	重量	N	W	功	J
g	重力加速度	m/s²	α	坡度角	°
i	减速比	无量纲	μ	静摩擦系数	无量纲
M	转矩	N·m	ρ	空气密度	kg/m³

● 平路行驶负荷——滚动阻力（F_{RO}）

这是轮胎滚动时的阻力，由轮胎橡胶与路面的摩擦、滚动时橡胶和胎体（内埋硬线）的变形等所引起，与施加在轮胎上的重量成正比。

$$F_{\mathrm{RO}} = f \times m \times g \tag{3.3}$$

滚动阻力系数因轮胎的材质、大小、沟纹等而异，一般可参考表3.2。

表 3.2 轮胎滚动阻力系数

条 件		滚动阻力系数 f
乘用车用充气轮胎	沥青路面	0.015
	混凝土路面	0.013
	空气阻力系数	0.05
商用车用充气轮胎	非柏油路	0.006 ~ 0.01
轨道车轮	轨道	0.001 ~ 0.002

车辆克服滚动阻力，以速度 v 行驶时的输出功率为

$$P_{RO} = F_{RO} \times v \tag{3.4}$$

● 平路行驶负荷——空气阻力（F_L）

这是车辆行进时遇到的来自空气的阻力。空气阻力系数表示为单位正面投影面积的阻力，无量纲。空气阻力与空气阻力系数（由形状和表面处理决定）、空气密度、速度（车速、逆风速度）的平方成正比。

$$F_L = \frac{1}{2} \times \rho \times (v + v_o)^2 \times A \times C_d \tag{3.5}$$

空气密度取决于当时的气温和气压，要根据设想的运行条件选择，一般取 1.2 ~ 1.25。

这里的速度是指空气撞击车辆的速度，逆风时变大，顺风时变小。但是，一般性能计算应在无风条件下标准化，必要时分别考虑逆风和顺风。

正面投影面积是指投影到与车辆行进方向垂直的面上的车辆面积。简单起见，乘用车可用下式计算：

$$A = 0.9 \times 轮距 \times 车高 \tag{3.6}$$

空气阻力系数是无量纲，是车辆行驶将空气推离正面投影面积时的阻力标准化常数。基本上取决于空气正面撞击压力（动压）、空气在表面流动产生的摩擦力，以及突起等引起的空气湍流和涡流所产生的力，因车辆形状、表面粗糙度、凹凸等而异。一般车辆的空气阻力系数见表3.3。在电动汽车设计的初期研究中，可从表中选择一个接近目标的空气阻力系数进行计算。

F1赛车的空气阻力系数之大令人意外，实际上其正面投影面积非常小，空气阻力本身也很小。原因可能是，轮毂及悬架滑柱等外露部分引起的湍流或干扰导致空气阻力增大，不得不选用大型流线型导流罩，这样空气阻力系数虽然有所增大，但可以通过正面投影面积最小化来减小空气阻力的绝对值。

表 3.3　因车型而异的空气阻力系数

车　型	外　形	空气阻力系数
轿　车		0.4 ~ 0.55
楔形车		0.3 ~ 0.4
旅行车		0.5 ~ 0.6
敞篷车		0.5 ~ 0.7
两厢车		0.29
普锐斯		0.25
SIM-LEI		0.19
F1 赛车		0.7 ~ 1.1
卡车、拖拉机		0.8 ~ 1.5
大客车		0.6 ~ 0.7

车　型	外　形	空气阻力系数
摩托车		0.6 ~ 0.7
自行车		0.9 ~ 1.1

车辆克服空气阻力，以速度v行驶时的输出功率为

$$P_{\mathrm{L}} = F_{\mathrm{L}} \times v \tag{3.7}$$

● 坡度阻力（F_{ST}）

在车辆的各种行驶阻力中，坡度阻力占了很大比重。这是因为在坡道上，斜面角度导致车身质量作用于阻力方向。相反的，下坡时车身质量作用于加速方向，阻力减小。

原理如图3.7所示，坡度阻力可用下式计算：

$$\begin{aligned} F_{\mathrm{ST}} &= m \times g \times \arctan\alpha \\ &= m \times g \times \sin\alpha \end{aligned} \tag{3.8}$$

α较小（20° 以下）时，$\arctan\alpha \approx \sin\alpha$，所以用式（3.8）计算没问题。

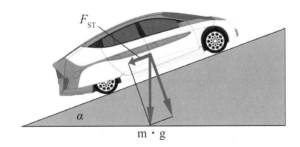

图3.7　坡度阻力

此外，以坡度p（％）计算时，

$$F_{\mathrm{ST}} = 0.01 \times m \times g \times p \tag{3.9}$$

车辆克服该坡度阻力，以速度 v 行驶时的输出功率为

$$P_{ST} = F_{ST} \times v \tag{3.10}$$

● 加速负荷（F_a）

车辆实际行驶时，加大油门可以快点达到目标速度，减小油门则要花更多时间达到目标速度，这就是加速度的体现。加速负荷等于加速过程中作用的惯性力，根据牛顿第二定律，即牛顿第二运动定律，可用下式计算：

$$F_a = m \times a \tag{3.11}$$

加速负荷并不是匀速作用的，因此，输出功率为

$$P_a = \left(F_a \times S\right)/t = \left(m \times a \times s\right)/t \tag{3.12}$$

如果已知加速时间和行驶距离（100m加速时间等），那么将

$$s = \frac{\alpha}{2} \times t^2$$
$$\alpha = 2 \times s/t^2$$

代入式（3.12），可得到当时的输出功率：

$$P_a = 2 \times m \times s^2/t^3 \tag{3.13}$$

严格来说，除了加速负荷，还要加上电机、驱动系统、减速器、车轮等旋转部件的转速波动惯性力。由这些旋转质量引起的加速（减速）负荷因车辆和驱动系统而异，但一般来说，驱动电机的旋转质量不像发动机那么大，对减速机构的要求也不高，这种惯性力所占比率不大。

● 行驶所需输出功率

车辆克服上述诸多负荷，以速度 v 行驶所需的输出功率为

$$P_W = P_{RO} + P_L + P_{ST} + P_a \tag{3.14}$$

这是驱动轴所需的输出功率。但实际上存在各种损耗，该输出功率乘以效率便得到所需的电功率。

3.1.4　能量消耗率计算

作为电动汽车的基本性能，最受关注的是一次充电行驶距离。电动汽车未能快速普及的主要原因就是一次充电行驶距离短，回望2015年，普通电动汽车一

次充电行驶距离在160km左右，而混合动力车加一次油可行驶600～700km。另外，充电时间长也是原因之一，普通充电需要耗时8h左右，快速充电也需要几十分钟才能达到80%电量。虽然电池在持续创新，但在设计阶段还是要在提高能效上下功夫，将能量消耗率作为重要指标。即便电池性能有了飞跃式提升，也不该忽视能效研究。

● 能量消耗率评估方法

前面介绍了电动汽车行驶负荷的计算方法。按行驶时间或行驶距离累计的行驶负荷就是行驶时所需的输出功率。这种输出功率，就是物理学上让具有一定质量或形态的物体以某种模式运动所需的能量。假设效率为100%，所需输出功率就是驱动车辆行驶的能量。实际上，效率不可能达到100%，因为在所有过程中，总有一些能量被转换为最基本的"热"状态而散失。在驱动系统等的设计和制造中，如果机构以无用或不顺滑的方式运动，能量会转换为热并散失。这同样适用于电气系统的设计，如果驱动电源设计不当，导致元件或电路严重发热，效率必定低下。相反的，不发热的系统，自然效率高。

效率是投入的能量与实际改变运动的能量的比率。从化石燃料开采到车辆行驶的各个阶段的概念性过程被称为"从油井到车轮"（Well to Wheel），其效率分布见表3.4。要注意的是，这里只讨论"从油箱到车轮"（Tank to Wheel）。也就是说，根据这张表，所需电量必须等于所需的输出功率除以效率，对于电动汽车，充电量至少是行驶所需能量的1.5倍。

表3.4 从油井到车轮的效率分布

车辆类型	从油井到油箱	从油箱到车轮	从油井到车轮
电动车	精炼、发电、输电43%	行驶（含充电83%）67%	28.8%
柴油车	精炼、运输88%	行驶18%	15.8%
油电混合动力车	精炼、运输82%	行驶30%	24.6%
汽油车	精炼、运输82%	行驶15%	12.3%

这个"从油井到车轮"的效率值只是概念性参考值，因输送过程和发电方法等而异。

能量消耗率是指充电量耗尽期间，行驶消耗的电量除以行驶距离得到的值，也就是行驶1km需要多少充电量。

为了将能量消耗率标准化，需要规定行驶模式。实际上各国都规定了能量消耗率评价工况，参见表3.5。

表 3.5　各国能量消耗率评价工况

国家/地区	标准性质	规定工况	概　要
日　本	国土交通省	JC08	普通车
		JC05	重型车（3.5t 以上）
		市区模式	
美　国	EPA（美国环境保护署）	FTP，HFET，US06，SC03，Cold FTP	普通车
		HHDDTS	大型车
欧　洲	欧洲经济委员会	NEDC	
中　国	中华人民共和国国家标准	NEDC	乘用车
		C-WTVC	重型车（3.5t 以上）

　　最终评价是通过底盘测功机模拟的，但有必要在设计初期进行能量消耗率仿真，并在开发过程中反复计算，确保能够达成目标。

● 能量消耗率计算实例

　　以日本国土交通省规定的能量消耗率评价基准——JC08 模式（普通车）为例进行说明。自 2011 年 4 月 1 日起，所有经过型号认证的普通汽车必须达到 JC08 模式标示的规定值，并显示能量消耗率。

　　JC08 模式模拟普通市区和高速公路行驶，是一个时间轴上的速度变化模式，日本国土交通省对每秒速度有具体规定（表 3.6），将一个循环图表化，如图 3.8 所示。就电动汽车而言，JC08 模式下的耗电量就是按照这种模式加减速时所需的功率。具体要根据计算进行仿真，预估能量消耗率。仿真实验框图如图 3.9 所示。如果是电动汽车，则输入电机特性代替发动机特性，计算能量消耗率。

　　如果初期研究时没有能量消耗率计算软件或底盘测功机等，可以根据 JC08 模式，简单用式（3.13）在 Excel 中进行估算。笔者在初期研究阶段也是这样进行输出功率计算和能量消耗率仿真等。

表 3.6　JC08 模式规定（节选）

历时/s	速度/(km/s)	A	B	C															
					31	18.4	1	2	1	65	38.9	3	3	3	99	24.4	1	2	1
					32	20.1	2	2	1	66	39.0	3	3	3	100	27.5	2	2	2
					33	21.7	2	2	1	67	37.7	3	3	3	101	30.2	2	2	2
					34	22.7	2	2	2	68	35.1	3	3	3	102	33.4	2	3	2
1	0.0	N	N	N	35	23.5	2	2	2	69	32.9	3	3	3	103	356.6	3	3	2
2	0.0	N	N	N	36	24.7	2	2	2	70	32.1	3	3	3	104	35.9	3	3	3
3	0.0	N	N	N	37	26.1	2	2	2	71	31.0	3	3	3	105	35.4	3	3	3
4	0.0	N	N	N	38	27.9	2	2	2	72	27.4	3	3	3	106	35.3	3	3	3
5	0.0	N	N	N	39	29.9	2	2	3	73	23.7	3	3	3	107	35.8	3	3	3
6	0.0	N	N	N	40	32.8	3	3	3	74	20.2	N	3	3	108	37.1	3	3	3
7	0.0	N	N	N	41	37.1	3	N	N	75	17.5	N	N	N	109	38.8	3	3	3

8	0.0	N	N	N	42	37.8	3	3	3	76	15.9	N	N	N	110	40.3	3	3	3
9	0.0	N	N	N	43	36.6	3	3	3	77	14.5	N	N	N	111	41.8	3	3	3
10	0.0	N	N	N	44	36.5	3	3	3	78	12.7	N	N	N	112	43.7	3	4	3
11	0.0	N	N	N	45	37.7	3	3	3	79	10.9	N	N	N	113	45.1	3	4	3
12	0.0	N	N	N	46	38.9	3	3	3	80	9.5	N	N	N	114	46.1	3	4	3
13	0.0	N	N	N	47	39.2	3	3	3	81	8.1	N	N	N	115	47.9	3	4	3
14	0.0	N	N	N	48	37.3	3	3	3	82	6.9	N	N	N	116	50.1	3	4	3
15	0.0	N	N	N	49	34.1	3	3	3	83	5.8	N	N	N	117	51.2	4	4	3
16	0.0	N	N	N	50	32.8	3	3	3	84	4.5	N	N	N	118	52.1	4	4	3
17	0.0	N	N	N	51	32.4	3	3	3	85	2.5	N	N	N	119	54.1	4	4	3
18	0.0	N	N	N	52	31.7	3	3	3	86	0.0	N	N	N	120	56.1	4	4	OD
19	0.0	N	N	N	53	30.4	3	3	3	87	0.0	N	N	N	121	56.9	4	5	OD
20	0.0	N	N	N	54	29.1	3	3	3	88	0.0	1	1	1	122	57.7	4	5	OD
21	0.0	1	1	1	55	28.6	3	3	3	89	0.0	1	1	1	123	59.5	4	5	OD
22	0.0	1	1	1	56	28.6	3	3	3	90	0.0	1	1	1	124	61.3	4	5	OD
23	0.0	1	1	1	57	28.6	3	3	3	91	0.0	1	1	1	125	61.8	5	5	OD
24	0.0	1	1	1	58	28.7	3	3	3	92	0.0	1	1	1	126	61.6	5	5	OD
25	0.0	1	1	1	59	29.1	3	3	3	93	0.0	1	1	1	127	61.2	5	5	OD
26	0.0	1	1	1	60	29.8	3	3	3	94	2.6	1	1	1	128	60.5	5	5	OD
27	4.9	1	1	1	61	30.9	3	3	3	95	6.7	1	1	1	129	59.7	5	5	OD
28	9.8	1	1	1	62	32.5	3	3	3	96	10.6	1	1	1	130	59.3	5	5	OD
29	13.8	1	1	1	63	35.1	3	3	3	97	14.6	1	1	1	131	59.4	5	5	OD
30	16.6	1	1	1	64	37.5	3	3	3	98	19.7	1	2	1	132	59.4	5	5	OD

133	58.5	5	5	OD	167	49.7	5	5	OD	201	19.8	2	2	2	235	0.0	1	1	1
134	57.0	5	5	OD	168	47.5	5	5	OD	202	18.9	2	2	2	236	0.0	1	1	1
135	55.6	5	5	OD	169	45.9	5	5	OD	203	19.8	2	2	2	237	0.0	1	1	1
136	54.2	5	5	OD	170	44.1	5	5	OD	204	22.2	2	2	2	238	2.6	1	1	1
137	52.9	5	5	OD	171	41.8	5	5	OD	205	25.1	2	2	2	239	7.9	1	1	1
138	51.8	5	5	OD	172	39.6	5	5	OD	206	27.1	2	3	2	240	13.6	1	1	1
139	51.3	5	5	OD	173	37.8	5	5	OD	207	27.2	2	3	2	241	18.4	1	2	1
140	51.5	5	5	OD	174	34.7	5	5	OD	208	26.1	2	3	2	242	21.3	2	2	1
141	52.6	5	5	OD	175	31.9	5	5	OD	209	25.1	2	3	2	243	22.6	2	2	2
142	54.3	5	5	OD	176	29.8	5	5	OD	210	23.4	2	3	2	244	23.5	2	2	2
143	56.0	5	5	OD	177	28.2	5	5	OD	211	20.8	2	3	2	245	23.7	2	3	2
144	57.9	5	5	OD	178	26.7	5	5	OD	212	19.2	2	3	2	246	21.7	2	3	2
145	59.9	5	5	OD	179	25.0	5	5	OD	213	19.0	2	3	2	247	18.6	2	3	2
146	61.2	5	5	OD	180	23.2	5	5	OD	214	17.9	2	3	2	248	17.1	2	3	2
147	61.8	5	5	OD	181	21.1	5	5	OD	215	16.1	2	3	2	249	16.7	2	3	2
148	62.2	5	5	OD	182	18.2	5	5	OD	216	15.4	2	N	2	250	16.4	2	3	2
149	62.6	5	5	OD	183	14.9	5	5	OD	217	15.1	2	N	2	251	15.7	2	3	2
150	62.1	5	5	OD	184	12.4	5	5	OD	218	13.6	2	N	N	252	15.0	2	3	2
151	61.4	5	5	OD	185	11.6	2	2	2	219	12.1	2	N	N	253	14.2	2	3	2
152	61.3	5	5	OD	186	12.4	2	2	2	220	12.1	2	N	N	254	13.5	2	3	2
153	61.7	5	5	OD	187	13.7	2	2	2	221	11.1	N	N	N	255	13.0	2	3	2
154	61.3	5	5	OD	188	16.2	2	2	2	222	7.5	N	N	N	256	12.4	2	3	2
155	60.3	5	5	OD	189	16.9	2	2	2	223	3.5	N	N	N	257	11.9	2	3	2
156	59.5	5	5	OD	190	15.0	2	2	2	224	1.6	N	N	N	258	11.6	2	3	2
157	59.2	5	5	OD	191	12.6	2	2	2	225	0.0	N	N	N	259	11.7	2	3	2
158	59.3	5	5	OD	192	11.9	2	2	2	226	0.0	N	N	N	260	12.4	2	3	2
159	59.1	5	5	OD	193	11.6	2	2	2	227	0.0	N	N	N	261	15.3	2	3	2
160	58.3	5	5	OD	194	11.8	2	2	2	228	0.0	N	N	N	262	20.1	2	3	2
161	57.6	5	5	OD	195	12.3	2	2	2	229	0.0	N	N	N	263	26.2	2	3	2
162	57.4	5	5	OD	196	13.4	2	2	2	230	0.0	N	N	N	264	31.0	2	3	2
163	57.1	5	5	OD	197	14.6	2	2	2	231	0.0	N	N	N	265	34.3	2	3	2
164	56.1	5	5	OD	198	16.0	2	2	2	232	0.0	1	1	1	266	37.1	3	3	3
165	54.4	5	5	OD	199	18.8	2	2	2	233	0.0	1	1	1	267	39.1	3	3	3
166	52.2	5	5	OD	200	20.5	2	2	2	234	0.0	1	1	1	268	39.7	3	3	3

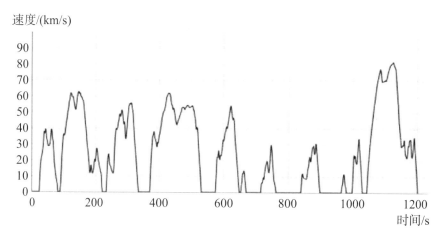

图3.8　JC08模式时序速度变化

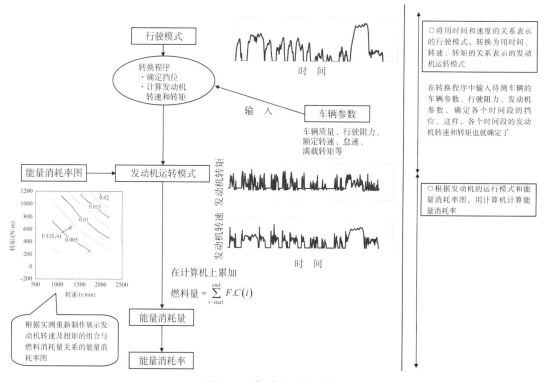

图3.9　仿真实验框图

（来源：2003年3月日本汽车研究所《关于重型车能量消耗率评价方法的调查报告书》）

　　注意，JC08模式针对平地行驶，没有考虑坡道行驶，要单独进行坡道模拟行驶。爬坡要求非常大的输出功率，其结果会消耗大量电能。因此，针对通勤客车和物流车，要调查实际行驶路线的坡度分布，之后求出所需输出功率，再精确计算能量消耗率。

　　表3.7列出了日本会津若松市在纯电动客车引进研究阶段的行驶路线计算实例。该计算对在坡道上以一定速度行驶时所需输出功率进行了累加，但没有考虑空调和灯具类的耗电。另外，加减速也是产生大误差的要因。

表 3.7　实际行驶路线上能量消耗估算

区间	停靠站	区间里程/km	累计里程/km	地标建筑	起点 标高/m	终点 标高/m	距离/m	高低差/m	坡度/%	行驶速度/(km/h)	行驶时间/s	匀速所需功率/kW	匀速所需功/(kW·h)	爬坡所需功率/kW	爬坡所需功/(kW·h)	总功率/kW	总功/(kW·h)	累计消耗/(kW·h)	损耗计提/(kW·h)
1	若松站前	0.0	0.0	会津若松站	–	–	–	–	–	–	#VALUE!	0.000	#VALUE!	#VALUE!	#VALUE!	#VALUE!		0.00	
2	一中前	0.4	0.4	会津客车观光ATS	215.3	216.7	104.5	1.4	1.3	50	7.524	26.660	0.06	8.09	0.0178	34.75	0.07	0.07	0.12
				会津若松华盛顿酒店	216.7	218.4	154.5	1.7	1.1	50	11.124	26.660	0.08	6.65	0.0216	33.31	0.10	0.18	0.30
				若松第一中学	218.4	219.5	141.0	1.1	0.8	50	10.152	26.660	0.08	4.71	0.0140	31.37	0.09	0.27	0.45
3	养蚕神社前	0.4	0.8	眼镜市场	219.5	222.7	169.0	3.2	1.9	50	12.168	26.660	0.09	11.44	0.0407	38.10	0.13	0.40	0.67
				威尔斯家园	222.7	229.8	231.0	7.1	3.1	50	16.632	26.660	0.12	18.56	0.0903	45.22	0.21	0.61	1.03
4	会津短大南口	0.4	1.2	富士电材会津分店	229.8	232.8	242.5	3.0	1.2	50	17.46	26.660	0.13	7.47	0.0381	34.13	0.17	0.78	1.32
				会津旅行	232.8	237.4	157.5	4.6	2.9	50	11.34	26.660	0.08	17.64	0.0585	44.30	0.14	0.92	1.56
5	饭盛山下	0.7	1.9	大黑堂泷泽会馆	237.4	239.1	120.0	1.7	1.4	50	8.64	26.660	0.06	8.56	0.0216	35.22	0.09	1.01	1.70
				菜园餐馆	239.1	243.5	254.5	4.4	1.7	50	18.324	26.660	0.14	10.44	0.0559	37.10	0.19	1.20	2.02
				Lyon Doll 停车场	243.5	244.5	95.0	1.0	1.1	50	6.84	26.660	0.05	6.36	0.0127	33.02	0.06	1.26	2.13
				饭盛山观光咨询处	244.5	249.6	230.5	5.1	2.2	50	16.596	26.660	0.12	13.36	0.0648	40.02	0.19	1.45	2.45
6	饭盛山住宅区	0.6	2.5	松良	249.6	255.2	243.3	5.6	2.3	50	17.5176	26.660	0.13	13.90	0.0712	40.56	0.20	1.65	2.79
				会津屋	255.2	255.3	86.2	0.1	0.1	40	7.758	19.372	0.04	0.70	0.0016	20.07	0.04	1.69	2.86
				铃木鲜鱼店	255.3	256.7	270.5	1.4	0.5	40	24.345	19.372	0.13	3.13	0.0223	22.50	0.15	1.85	3.01
7	和田	0.4	2.9	数据协助处	256.5	247.8	400.0	-8.7	-2.2	40	36	19.372	0.19	-13.14	-0.0691	6.24	0.12	1.97	3.33
8	庆山(0.5)	0.4	3.3	佐佐木	247.8	245.6	153.0	-2.2	-1.4	40	13.77	19.372	0.07	-8.69	-0.0175	10.69	0.06	2.03	3.43
				庆山公民馆	245.6	252.8	247.0	7.2	2.9	50	22.23	26.660	0.12	17.60	0.1144	36.97	0.23	2.26	3.82
9	奴郎前(0.6)	0.7	4.0	自理临时物品存放处	252.8	247.3	177.0	-5.5	-3.1	50	15.93	19.372	0.09	-18.76	-0.0437	0.61	0.04	2.30	3.89
				会津桐屋梦见亭停车场	247.3	247.4	78.0	0.1	0.1	50	7.02	19.372	0.04	0.77	0.0016	20.15	0.04	2.34	3.96
				会津庆山烧	247.4	246.7	245.0	-0.7	-0.3	50	22.05	19.372	0.12	-1.73	-0.0056	17.65	0.11	2.46	4.15
10	会津武家公馆前	0.4	4.4	东山庵停车场	246.7	248.0	126.2	1.3	1.0	40	11.358	19.372	0.06	6.22	0.0207	25.59	0.08	2.54	4.29
				奴郎前公园	248.0	250.0	49.0	2.0	4.1	50	3.528	26.660	0.03	24.64	0.0254	51.30	0.05	2.59	4.38
				会津武家公馆	250.0	271.0	424.8	21.0	4.9	50	30.5856	26.660	0.23	29.83	0.2667	56.49	0.49	3.08	5.21
11	院内	0.4	4.8	佐佐木烟店	271.0	268.6	400.0	-2.4	-0.6	50	28.8	26.660	0.21	-3.62	-0.0153	23.04	0.20	3.28	5.54
12	东山温泉入口	0.3	5.1	虎屋商店	268.6	275.8	300.0	7.2	2.4	30	36	13.388	0.13	14.49	0.1526	27.88	0.29	3.57	6.03
13	东山温泉站	0.4	5.5	泷之汤停车场	275.8	280.1	130.7	4.3	3.3	30	15.684	13.388	0.06	19.86	0.0911	33.25	0.15	3.72	6.23
				泷之汤	280.1	279.8	126.3	-0.3	-0.2	30	15.156	13.388	0.06	-1.43	-0.0032	11.95	0.05	3.77	6.37
				东山温泉站	279.8	285.1	143.0	5.3	3.7	30	17.16	13.388	0.06	22.37	0.1123	35.76	0.18	3.95	6.67
14	东山温泉入口	0.4	5.9	泷之汤	285.1	280.1	143.0	-5.0	-3.5	30	17.16	13.388	0.06	-21.11	-0.0530	-7.72	0.01	3.96	6.69
				泷之汤停车场	280.1	279.8	139.2	-0.3	-0.2	30	16.704	13.388	0.06	-1.30	-0.0032	12.09	0.06	4.02	6.71
				汤藏饭店	279.8	273.9	117.8	-5.9	-5.0	30	14.136	13.388	0.05	-30.22	-0.0624	-16.83	-0.01	4.01	6.71
15	院内	0.3	6.2	佐佐木烟店	273.9	268.6	300.0	-5.3	-1.8	50	21.6	26.660	0.16	-10.67	-0.0337	15.99	0.13	4.14	6.98
16	会津武家公馆前	0.4	6.6	会津武家公馆	268.6	271.0	400.0	2.4	0.6	50	28.8	26.660	0.21	3.62	0.0305	30.28	0.24	4.38	7.40
17	奴郎前	0.4	7.0	田乐奴郎前茶屋	271.0	251.0	400.0	-20.0	-5.0	50	28.8	26.660	0.21	-30.17	-0.1270	-3.51	0.09	4.46	7.54
18	庆山入口	0.4	7.4	爱寿堂医院	251.0	245.9	103.0	-5.1	-5.0	50	7.416	26.660	0.05	-29.87	-0.0324	-3.21	0.02	4.48	7.58
				爱宕屋食堂	245.9	242.5	297.0	-3.4	-1.1	40	26.73	19.372	0.14	-6.91	-0.0270	12.46	0.12	4.60	7.78
19	御药园入口	0.5	7.9	若松天然气总公司	242.5	230.6	500.0	-11.9	-2.4	40	45	19.372	0.24	-14.37	-0.0946	5.00	0.15	4.75	8.03
20	徒之町	0.6	8.5	YORK BENIMARU 花春店	230.6	230.8	600.0	0.2	0.0	40	54	19.372	0.29	0.20	0.0032	19.57	0.29	5.04	8.52
21	县立医院前	0.3	8.8	县立会津综合医院	230.8	231.5	300.0	0.7	0.2	40	27	19.372	0.15	1.41	0.0111	20.78	0.16	5.20	8.79
22	会津风雅堂前	0.3	9.1	会津风雅堂	231.5	229.7	300.0	-1.8	-0.6	40	27	19.372	0.15	-3.62	-0.0143	15.75	0.13	5.33	9.01
23	文化中心前	0.5	9.6	会津风雅堂	229.7	229.7	83.3	0.0	0.0	40	7.497	19.372	0.04	0.00	0.0000	19.37	0.04	5.37	9.08
				福岛县若松幼儿园	229.7	230.0	199.5	0.3	0.2	40	17.955	19.372	0.10	0.91	0.0048	20.28	0.10	5.47	9.23
				鹤城体育馆	230.0	227.2	143.7	-2.8	-1.9	40	12.933	19.372	0.07	-11.77	-0.0223	7.60	0.05	5.52	9.33
				会津文化中心	227.2	227.4	73.50	0.2	0.2	40	6.615	19.372	0.04	1.64	0.0032	21.02	0.05	5.56	9.39
24	鹤城三之丸口	0.3	9.9	会津田径竞技场入口	227.4	230.7	108.5	3.3	3.0	40	9.765	19.372	0.05	18.36	0.0524	37.74	0.10	5.66	9.57
				鹤城三之丸停车场	230.7	229.2	191.5	-1.5	-0.8	40	17.235	19.372	0.09	-4.73	-0.0119	14.64	0.08	5.74	9.71

续表 3.7

区间	停靠站	区间里程/km	累计里程/km	地标建筑	起点标高/m	终点标高/m	距离/m	高低差/m	坡度/%	行驶速度/(km/h)	行驶时间/s	匀速所需功率/kW	匀速所需功/(kW·h)	爬坡所需功率/kW	爬坡所需功/(kW·h)	总功率/kW	总功/(kW·h)	累计消耗/(kW·h)	损耗计提/(kW·h)
鹤城北口	0.4	10.3	昭和 SHELL G.S	229.2	226.0	180.0	-3.2	-1.8	40	16.2	19.372	0.09	-10.74	-0.0254	8.63	0.06	5.81	9.81
	鹤城会馆			226.0	225.5	220.0	-0.5	-0.2	40	19.8	19.372	0.11	-1.37	-0.0040	18.00	0.10	5.91	9.99
鹤城入口	0.0	10.3	会津土建	225.5	223.7	85.5	-1.8	-2.1	40	7.695	19.372	0.04	-12.71	-0.0143	6.66	0.03	5.94	10.03
北出丸大道	0.3	10.6	会津葵总店	223.7	222.9	91.5	-0.9	-0.9	40	8.235	19.372	0.04	-5.28	-0.0064	14.09	0.04	5.97	10.10
	会津酒造历史馆			222.9	223.1	123.0	0.2	0.2	40	11.07	19.372	0.06	0.98	0.0032	20.35	0.06	6.04	10.20
会津若松市政厅前	0.4	11.0	米山眼科	231.1	222.2	247.5	-8.9	-3.6	40	22.275	19.372	0.12	-21.71	-0.0707	-2.34	0.05	6.09	10.28
	马林大厦			222.2	221.3	88.8	-0.9	-1.0	40	7.992	19.372	0.04	-6.12	-0.0072	13.25	0.04	6.12	10.34
	会津若松政厅			221.3	222.0	63.7	0.7	1.1	40	5.733	19.372	0.03	6.64	0.0111	26.01	0.04	6.16	10.42
荣町中三丁目	0.4	11.4	佐藤钟表店	220.0	218.7	205.5	-1.3	-0.6	40	18.495	19.372	0.10	-3.82	-0.0103	15.55	0.09	6.25	10.57
	鹤屋酒店			218.7	217.7	115.2	-1.0	-0.9	40	10.368	19.372	0.06	-5.24	-0.0079	14.13	0.05	6.30	10.65
	佐藤牙科医院			217.7	215.2	79.3	-2.5	-3.2	40	7.137	19.372	0.04	-19.03	-0.0199	0.34	0.02	6.32	10.68
老町	0.4	11.8	HELLO WORK	215.2	210.3	400.0	-4.9	-1.2	40	36	19.372	0.19	-7.40	-0.0389	11.97	0.15	6.47	10.94
阿弥陀寺东	0.7	12.5	涉川批发店	210.3	209.9	661.0	-0.4	-0.1	30	79.32	13.388	0.29	-0.37	-0.0042	13.02	0.29	6.76	11.43
				209.9	209.5	39.0	-0.4	-1.0	30	4.68	13.388	0.02	-6.20	-0.0042	7.19	0.02	6.78	11.45
七日町站前	0.1	12.6	七日町店	209.5	210.2	100.0	0.7	0.7	40	9	19.372	0.05	4.23	0.0111	23.60	0.06	6.84	11.55
七日町中央	0.3	12.9	阿弥陀寺	210.2	212.3	34.5	2.1	6.1	40	3.105	19.372	0.02	36.70	0.0333	56.07	0.05	6.89	11.64
	万代运动七日町店			212.3	215.1	265.5	2.8	1.1	40	23.895	19.372	0.13	6.37	0.0445	25.74	0.17	7.06	11.93
七日町白木屋前	0.4	13.3	白木屋漆器店	215.1	216.3	400.0	1.2	0.3	40	36	19.372	0.19	1.81	0.0191	21.18	0.21	7.27	12.29
邮政局前	0.2	13.5	大坂屋商店	216.3	216.2	85.5	-0.1	-0.1	40	7.695	19.372	0.04	-0.71	-0.0008	18.67	0.04	7.31	12.36
	佐和时装店			216.2	216.0	114.5	-0.2	-0.2	40	10.305	19.372	0.06	-1.06	-0.0016	18.32	0.05	7.37	12.45
大町一丁目	0.4	13.9	忍庵	215.9	215.7	400.0	-0.2	-0.1	40	36	19.372	0.19	-0.30	-0.0016	19.07	0.19	7.56	12.78
大町中央公园前	0.2	14.1	铃屋	215.7	215.1	200.0	-0.6	-0.3	40	18	19.372	0.10	-0.60	-0.0016	18.77	0.10	7.65	12.94
大町二丁目	0.2	14.3	爱眼堂	215.1	215.1	200.0	0.0	0.0	40	18	19.372	0.10	0.00	0.0000	19.37	0.10	7.75	13.10
会津若松站前	0.3	14.6	会津若松站	215.1	215.3	300.0	0.2	0.1	40	27	19.372	0.15	0.40	0.0032	19.77	0.15	7.90	13.35
						14600.0													
																0.69		7.90	

注：本路线行驶 1 圈所需的电量为 7.9kW·h。

预估空调等辅助设备的耗电量为 30%，7.9×1.3=10.27kW·h。

预估加减速耗电量为 30%，10.27×1.3=13.35kW·h。

加速会消耗大量电能，减速则可再生发电，给电池充电。加减速时能量变化很大，具体因油门开度而异。问题在于，如何明确规定并计算驾驶方式引起的能量消耗率大幅变化。对此，可以通过调查实际情况，规定时序速度变化并使其标准化（JC08 模式等时序模式运转对加速度也作了规定，不会产生运转误差）。

使用上述方法可以对平均电能消耗（能量消耗率）进行估算。电动汽车是一边消耗储存在容量有限的电池中的电能一边行驶，需要检查剩余电量能否支持目标行驶路线和距离。对于通勤客车等公共交通，还必须考虑运行和充电轮换，参见表 3.8。电池并不能从充电容量的 100% 用到 0%，对于目前电动汽车用的锂离子电池，如果不在电量剩余 30% 左右时充电，电池寿命会明显缩短。考虑到电池寿命，一般建议剩余容量保持在电池容量的 30%～80%。虽说锂电池的性能相比以前的镍镉电池和镍氢电池有显著提升，但在可放电容量上仍不成熟，这也是电动汽车未能快速普及的重要原因之一。在图 3.10 所示的车载电池容量的传递图中，剩余电量（SOC）最小值在 20% 以下。这意味着充电次数增多，对电池很不利。

表 3.8 运行计划表和电能消耗

能量消耗率 (kW·h/km)	0.905

时 刻	事 件	行驶距离/km	耗电量/(kW·h)	充电功率/kW	车载电池剩余容量 电量/(kW·h)	SOC/%	时 刻	事 件	行驶距离/km	耗电量/(kW·h)	充电功率/kW	车载电池剩余容量 电量/(kW·h)	SOC(%)
0:00			0		50	100	12:00		3.6	3.258		10.3545	20.709
0:15			0		50	100	12:15	8 车返回 / 充电移动	1	0.905		9.4495	18.899
0:30			0		50	100	12:30			0	150	46.9495	93.899
0:45			0		50	100	12:45	站前移动 / 11 车出发	1	0.905		46.0445	92.089
1:00			0		50	100	13:00		5	4.525		41.5195	83.039
1:15			0		50	100	13:15		5.5	4.9775		36.542	73.084
1:30			0		50	100	13:30		3.6	3.258		33.284	66.568
1:45			0		50	100	13:45	11 车返回 / 13 车出发		0		33.284	66.568
2:00			0		50	100	14:00		5	4.525		28.759	57.518
2:15			0		50	100	14:15		5.5	4.9775		23.7815	47.563
2:30			0		50	100	14:30		3.6	3.258		20.5235	41.047
2:45			0		50	100	14:45	13 车返回 / 15 车出发	0	0		20.5235	41.047
3:00			0		50	100	15:00		5	4.525		15.9985	31.997
3:15			0		50	100	15:15		5.5	4.9775		11.021	22.042
3:30			0		50	100	15:30		3.6	3.258		7.763	15.526
3:45			0		50	100	15:45	15 车返回 / 移动充电	1	0.905		6.858	13.716
4:00			0		50	100	16:00			0	150	44.358	88.716
4:15			0		50	100	16:15	站前移动 / 18 车出发	1	0.905		43.453	86.906
4:30			0		50	100	16:30		5	4.525		38.928	77.856
4:45			0		50	100	16:45		5.5	4.9775		33.9505	67.901
5:00			0		50	100	17:00		3.6	3.258		30.6925	61.385
5:15			0		50	100	17:15	18 车返回 / 充电移动	1	0.905		29.7875	59.575
5:30			0		50	100	17:30			0	10	32.2875	64.575
5:45			0		50	100	17:45			0	10	34.7875	69.575
6:00			0		50	100	18:00			0	10	37.2875	74.575
6:15			0		50	100	18:15			0	10	39.7875	79.575
6:30	站前移动	1	0.905		49.095	98.19	18:30			0	10	42.2875	84.575
6:45	1 车出发		0		49.095	98.19	18:45			0	10	44.7875	89.575
7:00		5.9	5.3395		43.7555	87.511	19:00			0	10	47.2875	94.575
7:15		4.9	4.4345		39.321	78.642	19:15			0	5	48.5375	97.075
7:30	1 车返回 / 2 车出发	1.1	0.9955		38.3255	76.651	19:30			0	4	49.5375	99.075
7:45		5.9	5.3395		32.986	65.972	19:45			0	3	50.2875	100.575
8:00		4.9	4.4345		28.5515	57.103	20:00			0		50.2875	100.575
8:15	2 车返回 / 充电移动	5	4.525		24.0265	48.053	20:15			0		50.2875	100.575
8:30		5.5	4.9775	100	44.049	88.098	20:30			0		50.2875	100.575
8:45		3.6	3.258	35	49.541	99.082	20:45			0		50.2875	100.575
9:00	站前移动	1	0.905		48.636	97.272	21:00			0		50.2875	100.575
9:15	4 车出发		0		48.636	97.272	21:15			0		50.2875	100.575
9:30		5	4.525		44.111	88.222	21:30			0		50.2875	100.575
9:45		5.5	4.9775		39.1335	78.267	21:45			0		50.2875	100.575
10:00		3.6	3.258		35.8755	71.751	22:00			0		50.2875	100.575
10:15	4 车返回 / 6 车出发		0		35.8755	71.751	22:15			0		50.2875	100.575

能量消耗率 (kW·h/km)	0.905

时　刻	事　件	行驶距离 /km	耗电量 /(kW·h)	充电功率 /kW	车载电池剩余容量		时　刻	事　件	行驶距离 /km	耗电量 /(kW·h)	充电功率 /kW	车载电池剩余容量	
					电量 /(kW·h)	SOC/%						电量 /(kW·h)	SOC(%)
10:30		5	4.525		31.3505	62.701	22:30				0	50.2875	100.575
10:45		5.5	4.9775		26.373	52.746	22:45				0	50.2875	100.575
11:00		3.6	3.258		23.115	46.23	23:00				0	50.2875	100.575
11:15	6 车返回 / 8 车出发		0		23.115	46.23	23:15				0	50.2875	100.575
11:30		5	4.525		18.59	37.18	23:30				0	50.2875	100.575
11:45		5.5	4.9775		13.6125	27.225	23:45				0	50.2875	100.575

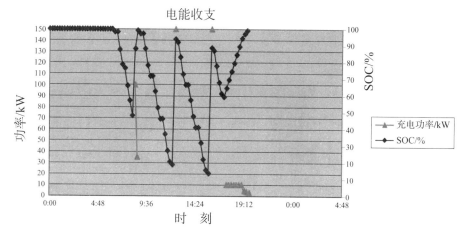

图3.10　车载电池容量的传递图

3.2　设计实务

3.2.1　基本构想

实际设计是瞄准目标逐步填空。简单来说，电机规格一般是按下列依据确定的。

① 电机最大输出功率——根据所需的爬坡力、最高车速、加速度确定。

② 电机最大转矩——根据所需的爬坡力、加速度和轮胎直径确定。

③ 电机最高转速——根据所需的最高车速和轮胎直径确定。

采用减速器时还要考虑减速比。

首先确定最大输出功率，在此过程中要作竞品分析和比较。作为商品开发，如果不明确要开发的车辆特性，结果极有可能是没有特色、没有吸引力。选择什么样的电机，要看车辆是强调加速，享受最高车速，还是具备强大货物或人员运输能力，这就是所谓的"概念"。

图3.11所示为所需最大输出功率图，以车辆总质量为横轴，输出功率为纵轴，单纯通过质点的运动力学计算绘制。图中显示了一定质量对应爬坡或加速所需输出功率。离散方块表示实际电动车辆（普通乘用车）的电机最大输出功率（按15km/h匀速爬坡，转换效率85%计算）。

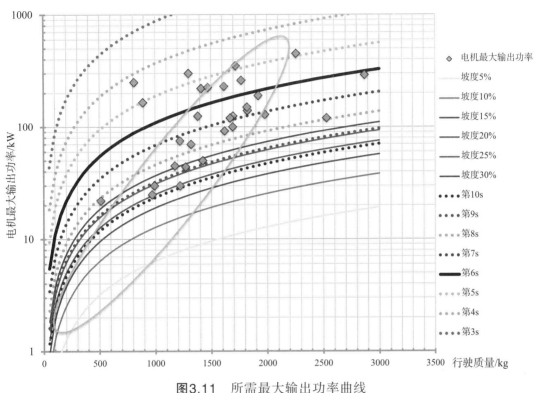

图3.11 所需最大输出功率曲线

图3.11所示曲线对应车辆的数据见表3.9，可见普通乘用车一般强调加速，2t左右的车辆需要采用100kW级别的电机。

图3.11中的椭圆显示的是车辆行驶质量所需输出功率的目标范围，所需输出功率的值大致与车辆质量的平方成正比，可见加速受重视。

算出大致需求输出功率后，就可以根据要开发车辆的车身数据计算行驶性能。具体来说，就是按照具体车辆参数，计算速度-输出功率、爬坡角度-输出功率、加速度-输出功率，进而得到行驶阻力曲线。

① 确定车身基本参数——质量、正面投影面积、轮胎尺寸、概念（阻力系数）。

② 计算行驶负荷——使用3.1节介绍的行驶负荷计算公式。

③ 由转矩验证行驶极限——计算负荷和产生转矩的平衡。

表3.9　电动汽车规格调查表

类型	级别	厂商	国家	车名	定员	车辆质量/kg	标准行驶质量/kg	车辆总质量/kg	最高速度/(km/h)	最大坡度角/%	电机输出功率最大值/kW	电机输出功率额定值/kW	电机最大转矩/(N·m) 额定转速1591.5r/min	电机最大转矩/(N·m) 额定转速7500r/min	电机电压/V	减速比	电池类型	电池电压/V	电池容量/(A·h)	电池输出容量/(kW·h)	一次充电行驶距离/km
个人型	Micro	Wheego	美国	Wheego LiFe	2	1210	1270				44	44		129				115	261	30.0	160.0
厢式	C	比亚迪	中国	e6	5	2380	2530		140		120	75	450							54.0	330.0
个人型	Mini	Mahindra	印度	REVA NXR	4	850	970				25	25						48	156.3	7.5	160.0
超豪华型	D	劳斯莱斯	英国	102EX	5	2720	2870				290		800				锂离子	338	210	71.0	200.0
RV	B	Venturi	法国	America	2	1350	1410				220		380							54.0	304.0
厢式	B	Seat	西班牙	IBE Concept	2	1100	1220				75	50	200							18.0	130.0
运动型	C	雷诺	法国	DeZir	2	830	890				165	110								24.0	160.0
厢式	C	雷诺	法国	Fluence Z.E.	5	1543	1693				100	70	226							22.0	160.0
个人型	Micro	雷诺	法国	TWIZY	2	450	510				22	15								7.0	100.0
运动型	B	标志	法国	EX1	2	750	810				250	150	480							30.0	450.0
运动型	C	奥迪	德国	e-tron(4WD)	4	1600	1720				350	230	4500							53.0	248.0
运动型	C	奥迪	德国	e-tron(2WD)	4	1350	1470				225	150	2650							45.0	250.0
掀背型	B	大众	德国	E-Golf	5	1545	1695		140		125	85	270							26.5	150.0
厢式	C	宝马	德国	ActiveE	4	1800	1920		144		190	125	250							32.0	160.0
个人型	Mini	Think Nordic	北欧	Think City	2	1113	1173				45	30						370	76.5	28.3	170.0
运动型	Mini	Commuter Cars	美国	Tango	2	1364	1424				50	31.5	678				磷酸铁锂	72	444	32.0	208.0
掀背型	B	福特	美国	Focus Electric	5	1674	1824				140	92	246				锂离子			23.0	160.0
VAN	C	福特	美国	Transit Connect E	2	1790	1850						235				锂离子			28.0	129.0
厢式	B	CODA Auto	美国	Coda Sedan	5	1670	1820		152		150	100	300			6.54		333	101.5	33.8	144.0
运动型	B	特斯拉	美国	Roadster	2	1238	1298				300	215	370							56.0	380.0
运动型	C	特斯拉	美国	Model S	5	2108	2258				450	310	600			9.73				85.0	500.0
掀背型	B	宝马	德国	i3	4	1260	1380				125	150	250							18.8	160.0
掀背型	A	宝马	德国	MINI-E	5	1465	1615				230	150	220					380		35.0	250.0
厢式	C	SIM-Drive	德国	Sim-LEI	4	1650	1770	2270			260	80	2100							24.9	333.0
个人型	A	丰田	日本	iQ EV	2	1260	1320		125		70	47	163							12.0	100.0
SUV	B	丰田	日本	RAV4 EV	5	1829	1979				129	115	370			9.73		386	108.3	41.8	160.0
厢式	B	日产	日本	LEAF	5	1520	1670				120	80	454							24.0	200.0
轻型皮卡	Mini	三菱	日本	i-Miev	4	1100	1220				30	25	160			7.065		270	39	10.5	160.0
轻型皮卡	Mini	三菱	日本	Minicab-Miev truck	2	930	990	1070			30	25	196			7.065		270	39	10.5	
掀背型	B	本田	日本	Fit EV	5	1470	1620				92		256			8.057		331	60.4	20.0	225.0

这样，电机所需的输出功率-转速特性就明确了。电机输出功率和负荷平衡时的转速就是最高车速，加速时是最大加速度，爬坡时是最大爬坡力。然后，选择减速比，以便在行驶过程中将适当转矩传递给车轴。

图3.12所示为笔者负责的中国10.5m级纯电动客车的行驶性能计算案例。根据车身参数，包括滚动阻力、空气阻力、效率，计算匀速行驶所需输出功率。这

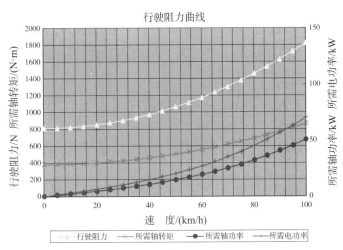

所需电功率计算

总质量 /kg	16 500.00

滚动摩擦阻力

M_f: 车辆总质量（kg）	13 000.00
M_p: 载质量（kg）	3500.00
μ: 滚动摩擦阻力系数	0.005
g: 重力加速度（m/s²）	9.80
D: 轮胎有效直径（m）	0.950
F_r: 滚动摩擦阻力（N）	808.50

空气阻力

C_d: 空气阻力系数	0.420
S: 正投影面积（m²）	5.00
ρ: 空气密度（kg·s²/m³）	1.25

效率

η_i: 逆变器效率（%）	87.00
η_m: 电机效率（%）	89.00
η_g: 减速机效率（%）	93.00
η: 总效率（%）	72.01

10.5m 电动客车

速度 /(km/h)	速度 /(m/s)	F_{air}/N	F_{flat}/N	Q_{flat}/（N·m）	车轴转速 /(r/min)	所需轴功率 /kW	所需电功率 /kW
0	0.00	0.00	808.50	384	0.0	0.0	0.000
5	1.39	2.53	811.03	385	27.9	1.1	1.565
10	2.78	10.13	818.63	389	55.8	2.3	3.159
15	4.17	22.79	831.29	395	83.8	3.5	4.812
20	5.56	40.51	849.01	403	111.7	4.7	6.553
25	6.94	63.30	871.80	414	139.6	6.1	8.411
30	8.33	91.15	899.65	427	167.5	7.5	10.416
35	9.72	124.06	932.56	443	195.5	9.1	12.596
40	11.11	162.04	970.54	461	223.4	10.8	14.982
45	12.50	205.08	1013.58	481	251.3	12.7	17.602
50	13.89	253.18	1061.68	504	279.2	14.8	20.486
55	15.28	306.35	1114.85	530	307.1	17.0	23.663
60	16.67	364.58	1173.08	557	335.1	19.6	27.163
65	18.06	427.88	1236.38	587	363.0	22.3	31.014
70	19.44	496.24	1304.74	620	390.9	25.4	35.246
75	20.83	569.66	1378.16	655	418.8	28.7	39.889
80	22.22	648.15	1456.65	692	446.8	32.4	44.971
85	23.61	731.70	1540.20	732	474.7	36.4	50.523
90	25.00	820.31	1628.81	774	502.6	40.7	56.572
95	26.39	913.99	1722.49	818	530.5	45.5	63.150
100	27.78	1012.73	1821.23	865	558.4	50.6	70.284

图3.12　匀速行驶负荷计算

是一辆典型的纯电动客车，所用电机的最大轴输出功率为100kW。可以看出，在50%有效载荷（定员的一半）下，时速可以超过100km，并留有余量。

该车的爬坡性能计算如图3.13所示。爬坡力要按最大质量计算。以18%的坡

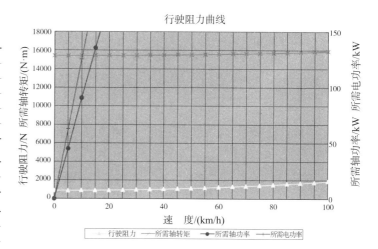

所需电功率计算

总质量 /kg	18 000.00

滚动摩擦阻力

M_f: 车辆总质量（kg）	13 000.00
M_p: 载质量（kg）	5000.00
μ: 滚动摩擦阻力系数	0.005
g: 重力加速度（m/s²）	9.80
D: 轮胎有效直径（m）	0.950
F_t: 滚动摩擦阻力（N）	882.00

坡度阻力

α: 坡度（%）	18.00
F_s: 爬坡负荷阻力（N）	31580.82

空气阻力

C_d: 空气阻力系数	0.420
S: 正投影面积（m²）	5.00
ρ: 空气密度（kg·s²/m³）	1.25

效率

η_i: 逆变器效率（%）	87.00
η_m: 电机效率（%）	89.00
η_g: 减速机效率（%）	93.00
η: 总效率（%）	72.01

10.5m 电动客车

速度 /(km/h)	速度 /(m/s)	F_{air}/N	F_{flat}/N	F_{slope}/N	Q_{flat}/(N·m)	车轴转速 /(r/min)	所需轴功率 /kW	所需电功率 /kW
0	0.00	0.00	882.00	32462.82	15420	0.0	0.0	0.000
5	1.39	2.53	884.53	32465.35	15421	27.9	45.1	62.644
10	2.78	10.13	892.13	32472.94	15425	55.8	90.2	125.318
15	4.17	22.79	904.79	32485.60	15431	83.8	135.4	188.050
20	5.56	40.51	922.51	32503.33	15439	111.7	180.7	250.870
25	6.94	63.30	945.30	32526.11	15450	139.6	226.0	313.808
30	8.33	91.15	973.15	32553.96	15463	167.5	271.4	376.892
35	9.72	124.06	1006.06	32586.88	15479	195.5	317.0	440.152
40	11.11	162.04	1044.04	32624.85	15497	223.4	362.7	503.617
45	12.50	205.08	1087.08	32667.89	15517	251.3	408.5	567.316
50	13.89	253.18	1135.18	32716.00	15540	279.2	454.6	631.280
55	15.28	306.35	1188.35	32769.17	15565	307.1	500.9	695.536
60	16.67	364.58	1246.58	32827.40	15593	335.1	547.4	760.115
65	18.06	427.88	1309.88	32890.70	15623	363.0	594.1	825.046
70	19.44	496.24	1378.24	32959.06	15656	390.9	641.1	890.358
75	20.83	569.66	1451.66	33032.48	15690	418.8	688.5	956.080
80	22.22	648.15	1530.15	33110.96	15728	446.8	736.1	1022.241
85	23.61	731.70	1613.70	33194.52	15767	474.7	784.1	1088.872
90	25.00	820.31	1702.31	33283.13	15809	502.6	832.4	1156.001
95	26.39	913.99	1795.99	33376.81	15854	530.5	881.2	1223.658
100	27.78	1012.73	1894.73	33475.55	15901	558.4	930.3	1291.872

图3.13　爬坡性能计算

度爬坡时，时速只能达到12km，但可以看出爬坡没问题。

上述研究可总结为图3.14所示的行驶性能曲线。

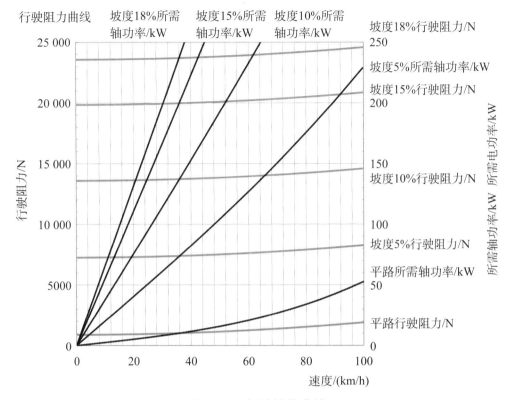

图3.14　行驶性能曲线

接下来探讨电机产生的驱动力如何传递给车轮。如果是轮毂电机，还要考虑车轴的悬架机构——前轮驱动和后轮驱动的区别很大。后轮驱动无须考虑转向机构，采用轮毂电机的门槛更低。

下面通过几张专利图，展示轮毂电机前轮驱动机构。图3.15所示为教科书式的轮毂电机结构，包括转向轴球节、电机、减速器、轮毂轴承、制动盘等（丰田汽车）。如果照搬这样的布局，轮毂内有限空间将所剩无几。受尺寸限制，推测电机输出功率不会太大。

图3.16所示为庆应义塾大学SIM-Drive公司的轮毂电机结构（笔者设计）。相比上例，它采用了输出功率更大的电机。它使用大直径外转子电机增大转矩，所以采用不带减速器的直驱形式。虽然零件少、结构简单，但电机还是占据了轮毂内大部分空间，转向轴的转向销和制动器被挤出了轮毂。另外，由于转向轴与地面的交点偏离轮胎接地面，操纵稳定性不理想。

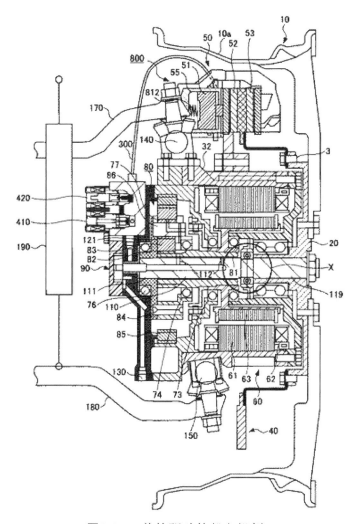

图3.15　前轮驱动轮毂电机例1

以上两例都由电机内部的轴承承受车轴载荷。图3.17所示是由其他结构承受车轴载荷，电机部分只承担驱动力的偏置型轮毂电机结构（爱信精机）。对于车身质量大或横向载荷大（如赛车）的应用，这种电机和承受载荷的其他结构分离的设计更安全，但为了把承受车轴载荷的部件插入轮毂，电机只能比图3.15所示更小。遗憾的是，图中未见制动器。

图3.18所示为能承受更大载荷的客车用轮毂电机的结构。它是庆应义塾大学低地板电动客车设计的驱动单元，车轴的轴承功能和驱动功能完全分离。

作为后轮驱动轮毂电机结构的例子，下面展示笔者在中国科学院时设计的小型车。它是以山东省某厂制造并出口意大利的 "知豆" 为基础改造的，如图3.19～图3.23所示。该车是车身侧安装电机，用等速万向节驱动前轮的前轮驱

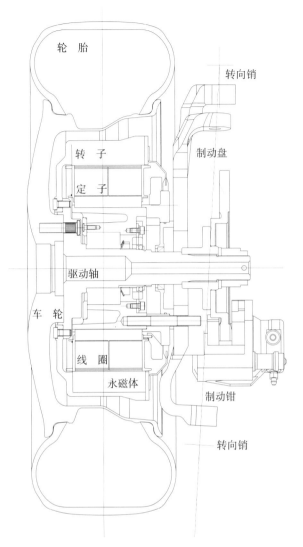

图3.16 前轮驱动轮毂电机例2

动车，重制后轮悬架、改装轮毂电机后成了后轮驱动车。由于无法试作悬架这样的大部件，遂改成拖曳臂式，用撑杆连接左右，确保刚度。将后轮转换为轮毂电机比较容易。

作为大型车轴载荷独立支撑的偏置型轮毂电机应用，庆应义塾大学的纯电动客车是很好的例子，如图3.24所示。后轮驱动由于不涉及转向机构，所以结构非常简单。可以认为，驱动与轴支撑分离的偏置型轮毂电机将成为大型车轮毂电机的标准。目前，在世界各国城市普及的比亚迪K9型纯电动客车的驱动系统如图3.25和图3.26所示，它采用的正是这样的结构。

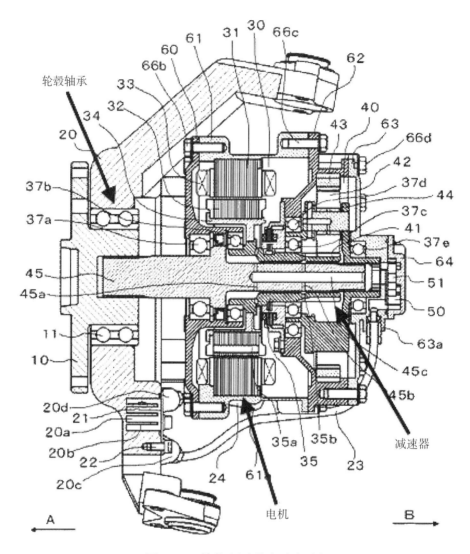

图3.17　前轮驱动轮毂电机例3

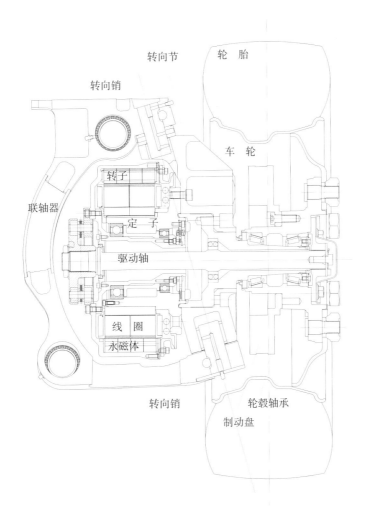

图3.18 前轮驱动轮毂电机例4

图3.19 小型车"知豆"

图3.20　原来的车辆后轮

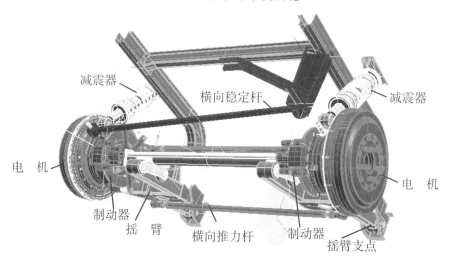

减震器　　横向稳定杆　　减震器
电　机　　　　　　　　　电　机
制动器　摇　臂　横向推力杆　制动器　摇臂支点

图3.21　"知豆"轮毂电机的布局

电动机
制动钳
制动盘

图3.22　后轮轮毂电机化完成

图3.23　改造后的车辆

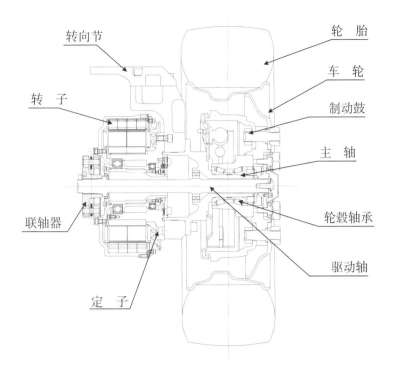

图3.24 庆应义塾大学低地板电动客车后轮截面

图3.25 比亚迪公司的后轮电动驱动系统

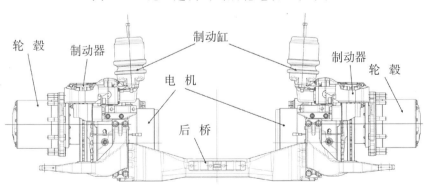

图3.26 比亚迪纯电动客车的后轮车轴图

此外还有一些与众不同的轮毂电机实例，简介如下。

● NTN

日本NTN株式会社和SIM-Drive公司一样热衷于轮毂电机开发。利用只有轴承厂商才具备的驱动系统零件精密加工技术，开发了一种装有被称为"摆线针轮减速器"的接触式传递减速装置的轮毂电机系统，旨在针对需要大转矩的直驱电机，通过采用合适的减速器实现电机小型化，减小簧下质量。车轴、减速器、电机同轴配置，与前述丰田的结构类似，但丰田的电机在车轮侧，驱动力先传递给车身侧减速机，再通过内轴传递给车轮，而NTN轮毂电机的驱动力是直接传递给车轮的。NTN轮毂电机的结构如图3.27所示，外观如图3.28所示。制动器通过轮毂锁紧，远离电机永磁体，可以防止制动热损害永磁体。

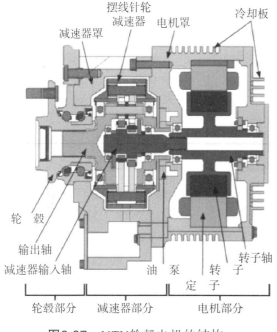

图3.27　NTN轮毂电机的结构

图3.28　NTN轮毂电机的外观

NTN还以超小型车为目标制作了实验车，借给当地磐田市进行示范实验，如图3.29所示。

此外，NTN还利用轮毂电机特性开发了一种四轮皆可转向的车辆，其中驱动相关功能在车轮部分实现，如图3.30所示。这是一种非常有效的轮毂电机使用方法，大大提高了车辆的移动性。

图3.29　NTN小型车"磐田"

图3.30　NTN"Q'mo"

● Protean Electric

　　该公司成立于美国密歇根州，由通用汽车首款电动汽车EV-1的创始人Bob Purcell担任董事长兼CEO。

　　Protean电机非常独特，采用大直径空心多极多槽的环形外转子，如图3.31～图3.33所示。它采用4路供电，对应的4个逆变器环抱电机。此外，它采用水冷，大直径，适合18in以上轮毂，中央的大空心部分配置轮毂和制动器比较容易。最大输出功率80kW，最大转矩1000N·m。虽然详细的内部结构及图纸等还未公开，但称得上理想之作。遗憾的是，根据公开资料无法窥见配线和配管，作为量产机型，是否真的能够将如此多的功能纳入其中还有待观察。

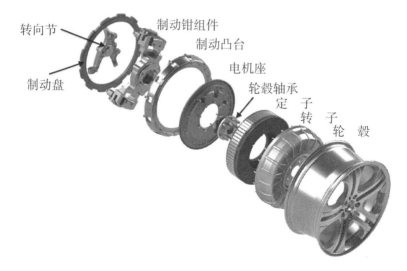

转向节
制动盘
制动钳组件
制动凸台
电机座
轮毂轴承
定　子
转　子
轮　毂

图3.31　Protean电机的组成

图3.32　Protean电机的结构

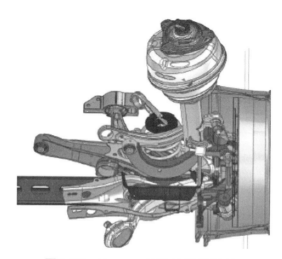

图3.33　Protean电机的安装结构

● Schaeffler

　　Schaeffler是欧洲最大的汽车零件厂商，和美国福特公司共同开发一款名为e-Wheel Drive的轮毂电机系统，输出功率达40kW。这款电机采用的是空心内转子式设计，如图3.34所示。在这狭小的空间内置鼓式制动器，容量及发热方面面临的挑战可想而知。永磁体面临电机自身发热和制动器发热的双重考验，存在永久退磁的风险。因此，它适合图3.35所示的后轮驱动，用于制动负荷大的前轮驱动时需要采取强有力的冷却措施。

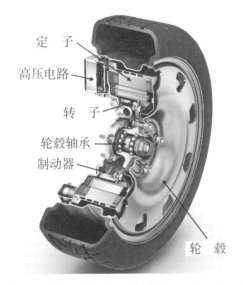

定　子
高压电路
转　子
轮毂轴承
制动器
轮　毂

图3.34　e-Wheel Drive（来源：Schaeffler）

图3.35　后轮e-Wheel Drive（来源：Schaeffler）

3.2.2　强度和刚度

　　如3.1节所述，作用于轮毂电机的负载有很多，现将功能要求重述如下：

① 产生驱动力。

② 产生制动力。

③ 车轮保持（车轴）。

④ 作为车辆底盘的结构。

所有这些功能，都需要产生力或承受力的基本"体力"。作为结构体的轮毂电机，必须充分具备应对这些力的能力，还要留意电机虽未损坏但变形严重而导致结构不稳定的情况。底盘是驾乘工具最重要的部件，一旦出现问题，就有可能危及人身安全，应慎重对待。

探讨强度，最重要的是看作用于结构的力。当然，实际测量作用于结构的力是必不可少的，但在没有实物的基本规划阶段，估计这些力还要凭经验。笔者在雅马哈发动机株式会社工作期间，从时任技术主管堀内浩太郎那里学会了在纸上画草图，并以此为基础"读"作用力，看它们是如何工作、如何传递的。在堀内先生的指导下，笔者通过在著名电视节目"鸟人竞锦标赛"中参与机身结构设计和实验，锻炼了"读"力如何传递、变形如何发生的能力。

对应前述4种功能，施加在轮毂电机上的载荷大致分为以下4种。

① 与驱动力对应的驱动反作用力。驱动反作用力作用于安装部位，同时形成转矩反作用力。注意，设计上要确保安装螺栓不受剪切力。螺栓是用来承受拉伸载荷的，受到剪切力时非常容易断裂。正确做法是，用销或键承受转矩等，螺栓仅用于固定。

② 与制动力对应的制动反作用力，与再生转矩和制动转矩对应的反作用力，作用于安装部位。它的方向基本与驱动反作用力的方向相反。一般来说，机械制动力不会直接作用于电机。机械制动转矩作用于电机结构的设计对电机耐久性不利。电机和制动器应该各自独立。

③ 与车身质量对应的载荷。一般来说，轮毂电机轴与车轴是一体的，转向时会承受侧向力。因此，电机旋转轴会受到车辆质量对应的载荷，轴结构应针对这一载荷进行设计。也就是说，要具备普通车辆中轮毂轴承的功能。对于重型车，或者使用通用电机时，车轴与电机轴必须独立。图3.25所示纯电动客车的驱动系统，电机不直接承受车身质量对应的载荷。

④ 与汽车底盘功能对应，是外围布局设计必须充分考虑的项目，并非对电机的直接要求。向簧下轮毂电机输送大电流的粗电源线和测量旋转及运转状态的

传感器线，是从车身侧连接过来的。尤其是前轮驱动轮毂电机，在车辆转向时会承受很大的弯矩。因此，设计时就要预见到反复弯曲、温度等外部环境变化、路面扬起的砂石碰撞等。配线和配管的设计一般放在设计后期，但早期要作通盘考虑，以免之后投鼠忌器。建议提前进行模拟实验，如图3.36、图3.37所示。电机的输出功率越大，所需的电源线越粗，电源线一般按U相、V相、W相三线配置，所以必须预留非常大的空间，这些都是体现设计感的地方。

图3.36 前轮模拟实验

图3.37 后轮模拟实验

初期整体研究的强度计算，完全可以用Excel进行。计算出各部分的载荷，选取结构中最薄弱的截面进行强度计算，这样其他截面就留有余量。对于车身等复杂的单体壳结构，可遵循"梁"的计算原理，根据SFD（剪力图）和BMD（弯矩图）计算各部分的载荷，以此预估施加于车轴及悬架周围的负荷。

这里展示一个笔者在庆应义塾大学电动汽车研究室工作期间设计的单座小型电动车的底盘强度研究实例。作为日本文部科学省关于未来"移动"的"社会流动项目"综合研究的一环，制作了图3.38所示车辆。这是自动驾驶移动工具的先驱。原本计划8轮采用轮毂电机，实际因为预算有限，只有4个驱动轮，其余为惰轮，如图3.39所示。

图3.38 社区流动车的外观

图3.39 社区流动车底盘

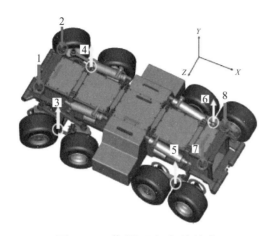

图3.40　作用于车身的外力

主框架采用与JFE共同开发的高强度钢的钣金焊接结构，作用于车身的外力如图3.40所示。1、2、7、8的4个点是座舱的连接点，载荷通过这4个点在底盘悬架和坐舱之间传递。参见表3.10，按照质量分布，根据惯性力计算载荷，进而计算每个截面的剪力和弯矩。图表化后如图3.41所示。以此为基础，将施加的载荷分解到各处，如图3.42所示。

这种方法常用于飞机载荷计算。如

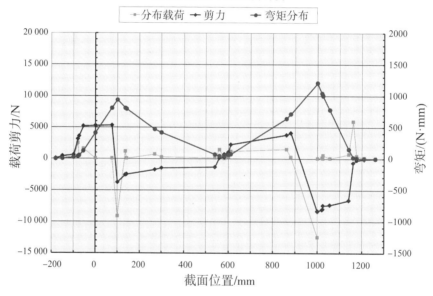

图3.41　车身截面载荷分布

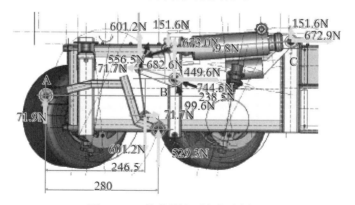

图3.42　载荷详细研讨示例

果作用于物体的外力是"作用力"，那么对应的就有大小相同、方向相反的"反作用力"，这样进行载荷计算非常方便，只要载荷方向没有弄错就不会有差池。

表 3.10 基于惯性力的载荷计算

COMO2008 重心位置、强度计算表		'08/10/22					壳体加速度 /g 角加速度 /(rad/s²)		载荷 7.5 / 180.4011			载荷倍数
载荷名称	节点号	长度方向坐标 L /mm	分布载荷 W /kg	力矩 W×L /(kgf·m)	到 CG 距离 L_cg /m	CG 弯矩 W×L_cg /(kgf·m)	W×L_cg /(kgf·m)	W×L_cg g /(kgf·s²)	分布载荷 /N	剪力 /N	力矩分布 /(N·mm)	
前框轴点		−180	1.000	−0.18000	0.79734	0.79734	0.63574	0.08136	73.50	73.50	0.0000	
转向电机		−150	5.000	−0.75000	0.76734	3.83668	2.94402	0.39150	367.50	441.00	2.205	
前支架		−100	2.500	−0.25000	0.71734	1.79334	1.28643	0.18299	183.75	624.75	24.255	
前安装位置	1	−80	34.067	−2.72535	0.69734	23.75610	16.56599	2.42409	2503.920	3128.67	36.750	
拖曳臂		−75	6.000	−0.45000	0.69234	4.15402	2.87598	0.42388	441.00	3569.67	52.393	
第 1 轴		−55	22.000	−1.21000	0.67234	14.79139	9.94479	1.50933	1617.00	5186.67	123.787	
控制箱 1		0	1.000	0.00000	0.61734	0.61734	0.38110	0.06299	73.50	5260.17	409.054	
悬架连杆		75	1.000	0.07500	0.54234	0.54234	0.29413	0.05534	73.50	5333.67	803.566	
前摇臂		100	4.000	0.40000	0.51734	2.06934	1.07055	0.21116	−9096.89	−3763.22	936.908	前轴载荷
前电池		135	16.500	2.22750	0.48234	7.95855	3.83869	0.81210	1212.75	−2550.47	805.195	
悬架杆		140.5	1.000	0.14050	0.47684	0.47684	0.22737	0.04666	73.50	−2476.97	791.168	
第 2 轴		270	10.000	2.70000	0.34734	3.47336	1.20642	0.35442	735.00	−1741.97	470.400	
减震单元		300	4.000	1.20000	0.31734	1.26934	0.40281	0.12952	294.00	−1447.97	418.141	
内 托		540	2.000	1.08000	0.07734	0.15467	0.01196	0.01578	147.00	−1300.97	70.628	
中心台		560	20.000	11.20000	0.05734	1.14672	0.06575	0.11701	1470.00	169.03	44.608	
BMU		582	1.000	0.58200	0.03534	0.03534	0.00125	0.00361	73.50	242.53	48.327	
高压箱	3	582	2.000	1.16400	0.03534	0.07067	0.00250	0.00721	147.00	389.53	48.327	
侧 箱		582	2.000	1.16400	0.03534	0.07067	0.00250	0.00721	147.00	536.53	48.327	
12V 电池		582	3.000	1.74600	0.03534	0.10601	0.00375	0.01082	220.50	757.03	48.327	
线束类		600	4.000	2.40000	0.01734	0.06934	0.00120	0.00708	294.00	1051.03	61.954	
后电池	2	610	16.500	10.06500	0.00734	0.12105	0.00089	0.01235	1212.75	2263.78	72.464	
第 3 轴		860	21.000	18.06000	−0.24266	−5.09594	1.23660	−0.51999	1543.50	3807.28	638.409	
减震单元	4	880	4.000	3.52000	−0.26266	−1.05066	0.27597	−0.10721	294.00	4101.28	714.554	前轴载荷
后摇臂		1000	3.000	3.00000	−0.38266	−1.14799	0.43929	−0.11714	−12475.36	−8374.08	1206.708	
控制箱 2		1000	1.000	1.00000	−0.38266	−0.38266	0.14643	−0.03905	73.50	−8300.58	1206.708	
制动执行器		1020	3.000	3.06000	−0.40266	−1.20799	0.48641	−0.12326	220.50	−8080.08	1040.696	
悬架杆		1023.5	1.000	1.02350	−0.40616	−0.40616	0.16497	−0.04145	73.50	−8006.58	1012.416	
逆变器		1025	8.000	8.20000	−0.40766	−3.26131	1.32952	−0.33279	588.00	−7418.58	1000.406	
悬架连杆	5	1055	1.000	1.05500	−0.43766	−0.43766	0.19155	−0.04466	73.50	−7345.08	777.848	
第 4 轴		1140	10.000	11.40000	−0.52266	−5.22664	2.73178	−0.53333	735.00	−6610.08	153.517	
后安装位置	6	1160	80.933	93.88235	−0.54266	−43.91949	23.83350	−4.48158	5948.580	−661.50	21.315	
摆动臂		1175	6.000	7.05000	−0.55766	−3.34598	1.86593	−0.34143	441.00	−220.50	11.392	
后支架		1210	2.000	2.42000	−0.59266	−1.18533	0.70250	−0.12095	147.00	−73.50	3.675	
后框轴点		1260	1.000	1.26000	−0.64266	−0.64266	0.41302	−0.06558	73.50	0.00	0.000	
总 计			300.500	185.50950	2.16243		75.58129		0.0000			
重心位置 /m			0.61734			惯性力矩	7.71238					

前轮载荷	127.767	43%
后轮载荷	172.733	57%

COMO2008 车厢		08/10/22									
载荷名称	节点号	长度方向坐标 L /mm	分布载荷 W /kg	力矩 W×L /(kgf·m)	到 CG 距离 L_cg /m	CG 弯矩 W×L_cg /(kgf·m)	W×L_cg /(kgf·m)	W×L_cg g /(kgf·s²)	分布载荷 /N	剪力 /N	力矩分布 /(N·mm)
激光扫描器		−209	1.000	−0.20900	1.00167	1.00167	1.00334	0.10221	73.500	73.500	0.000
感应车窗		−170	0.500	−0.08500	0.96267	0.48133	0.46337	0.04912	36.750	110.250	2.867
前面板		−26	1.500	−0.03900	0.81867	1.22800	1.00533	0.12531	110.250	220.500	18.743
制动踏板		−35	2.000	−0.07000	0.82767	1.65534	1.37007	0.16891	147.000	367.500	58.433
前安装位置		−80	0.000	0.00000	0.87267	0.00000	0.00000	0.00000	−2503.920	−2136.420	0.220
控制台		180	3.000	0.54000	0.61267	1.83801	1.12609	0.18755	220.500	−1915.920	−555.249
前车窗		480	3.000	1.44000	0.31267	0.93801	0.29329	0.09572	220.500	−1695.420	−1130.025
门 板		640	4.000	2.56000	0.15267	0.61068	0.09323	0.06231	294.000	−1401.420	−1401.292
车厢框架		790	10.000	7.90000	0.0026?	0.02670	0.00007	0.00272	735.000	−666.420	−1611.505
乘 客		850	75.000	63.75000	−0.05733	−4.29978	0.24651	−0.43875	5512.500	4846.080	−1651.490
斗式座椅面板		930	2.000	1.86000	−0.13733	−0.27466	0.03772	−0.02803	147.000	4993.080	−1263.803
橡胶座椅		960	2.000	1.92000	−0.16733	−0.33466	0.05600	−0.03415	147.000	5140.080	−1114.011
自动驾驶装置		968	5.000	4.84000	−0.17533	−0.87665	0.15370	−0.08945	367.500	5507.580	−1072.890
后立柱护板		1020	3.000	3.06000	−0.22733	−0.68199	0.15504	−0.06959	220.500	5728.080	−786.496
后面板		1200	2.000	2.40000	−0.40733	−0.81466	0.33184	−0.08313	147.000	5875.080	244.558
后安装点		1160	0.000	0.00000	−0.36733	0.00000	0.00000	0.00000	−5948.580	−73.500	9.555
激光扫描器		1290	1.000	1.29000	−0.49733	−0.49733	0.24734	−0.05075	73.500	0.000	0.000
总 计			115.000	91.15700	3.52738		6.58294		0.000		0.000
重心位置 /m			0.79267			惯性力矩	0.67173				

只要知道质量分布，就能够计算出各截面的剪切载荷。探讨静态载荷时，力和力矩的总和都是0，很容易发现计算错误。

待设计研究稍有进展，部件结构、材质和质量等的精度有所提高后，便可用计算机进行结构分析，一气呵成。手动计算无法发现的应力集中和变形，通过先进的结构分析程序和计算机强大的计算能力加以分析很方便，精度也高得多。最终，通过计算机的结构分析，发现该车辆存在局部应力集中导致强度不足的地方，因此在试制之前作了设计变更。除此之外，表3.10的载荷计算没什么问题。

图3.42所示为通过上述计算，得到每个截面的分布载荷，研究结构上力的大小和方向的例子。可见，如果不从整体计算开始，追踪细节部分的载荷计算将非常困难，采用惯性力计算方法会简单一些。另外，表中的部分计算是基于工程单位制的，最终转换成SI单位。

3.2.3　簧下质量

强度之外还有质量。强度计算的目的是制作牢不可破的结构，但轻量化很重要。世上的机械大多跨不过轻量关，作为车辆簧下机械（悬架到地面侧）的轮毂电机更是如此，必须尽可能地轻。比起驾乘舒适度，轻量是车辆在地面行驶最基本且重要的指标，影响接地可靠性，甚至直接关系到车辆行驶的安全性。

簧下质量小，则外力响应频率高，相位延迟较小；相反，如果簧下质量大，则响应频率低，相位延迟大。也就是说，簧下质量越大，轮胎越难以跟随路面。对驾乘人而言，悬架动作不大，舒适度好，但实际上轮胎与路面接触不紧密，近乎空转，尤其是在高速公路上行驶时。

为了说明这一点，这里引用NTN技术文献中的图，如图3.43所示。随着簧下质量增大，系统共振点频率下降。当频率增大至共振点以上时，加速度就会下降。这表明惯性力的相位反转，作用于抵消加速度作用的方向上，系统在高频区的移动将变得困难。

在驾乘舒适度优化区，簧下质量不再追随细小颠簸，结果是簧上加速度下降。这是驾乘舒适度和轮胎接地性的折中。

对于在地上行驶的移动体，保证接地稳定是大前提。想象一下在不平坦的陡坡上滑雪，不擅长滑雪的人很容易因颠簸弹起而摔倒。而竞技选手为了快速从被称为"猫跳"的斜坡滑降，会控制滑雪板紧贴雪面，就像一款出色的车辆悬架。

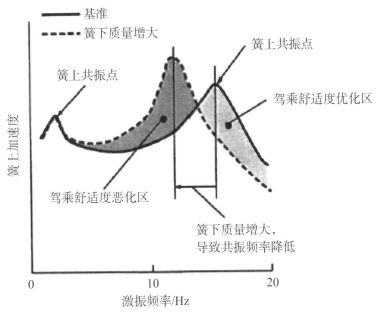

图3.43 簧下质量增大的影响

在离开路面的状态下，外力作用很容易打破稳定。理想悬架应在任何路面都紧密地贴合路面，唯一实现方法是轻量化。毫无疑问，轮毂电机（簧下质量）应尽可能轻量化，除非路面状态像铁轨那样平滑。但是，驾乘舒适度并没有绝对保证，还要通过目标商品来判断。

图3.44所示是普利司通开发的不增大簧下质量的轮毂电机。图3.45引用了与图3.43相同的图，可以看出高频区响应性明显改观。

普利司通动态阻尼式轮毂电机系统

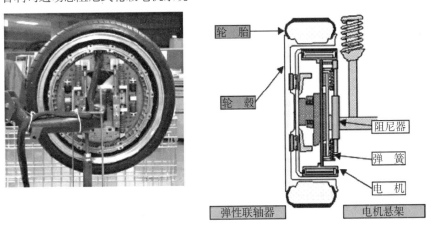

图3.44 普利司通轮毂电机的结构

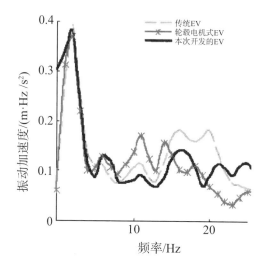

图3.45　普利司通轮毂电机系统的频率特性

　　这是只有轮毂–轮胎系统的簧下（悬架簧下再用弹簧悬挂）结构。如果只看接地性，由于簧下质量比普通车辆小，应还有提升空间。低频大位移振动区由传统悬架应对，高频小位移振动区则由簧下轮毂悬架应对，这种混动系统从机构上看非常复杂，但开辟了一条设计新思路。

第 4 章

商品化和量产化工作

4.1 评价概要

开发者深思熟虑之后，便有了"形"——这里说的是电动汽车的驱动系统、轮毂电机。以前是利用制图板前，现在是利用CAD系统得到自己认可的设计。大多数情况下，工作基本上是构想、设计，然后实际组装、行驶，最终交付客户使用，目标是商品化、量产化。

下面简要举例说明从设计到量产的过程。如果能让您像翻漫画书那样简要理解这个过程，笔者将十分荣幸。例如，量产前经历了怎样的过程，克服了怎样的困难，最终才呈现到市面上。希望大家能理解大致的流程，不在途中迷失方向，进而生产出性能强劲、功能完善、经久耐用的优秀工业制品。

4.1.1 构想—规划

前述章节构建了包含机器的基本性能和功能在内的系统理论。通过这些研究还无法得出具体结构和尺寸，下一步是将想法画出来，并在脑海中不断完善，逐渐升华成尺寸完备的规划图。通过将想法或图像变成简单的"画"，便可发挥想象力，付诸行动。积累足够经验后，能从图中读出施加载荷时的变形。作为参考，这里引用笔者的师父堀内浩太郎的著作《舟艇设计者的轨迹》中的图进行说明。

图4.1所示为单座车辆构想草图。先将各种想法和构想绘成图，然后在此基础上将尺寸和性能，驾驶难度、乐趣和危险性，声音和振动，强度及驾乘舒适度等具像化，不断精益求精。这就是所谓的"设计螺旋"，成功的关键在于试制前

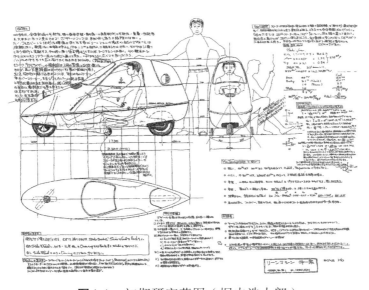

图4.1 初期研究草图（堀内浩太郎）

能"旋转"多少次。

想好从整体到每个部分的结构后，接着就是绘制结构图。画出结构图，便能看出力的流动。图4.2所示为笔者绘制的电动汽车底盘图，在这种状态下能够研究力的流动，所以"画"很重要。

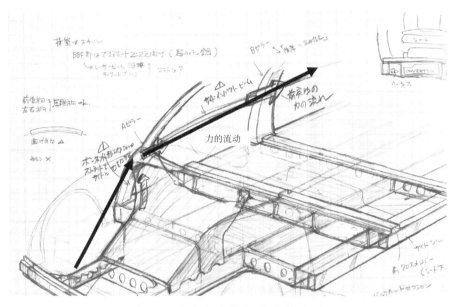

图4.2　汽车底盘构想和力的流动

构想草图的下一步是实际加了尺寸的规划图。图4.3所示为CAD尚未普及时的手绘规划图。这是1988年为研究无人直升机尾翼驱动系统而绘制的规划图。模拟时代像这样在图纸上绘制标有实际尺寸的图，同时在空白处加上备注和简单

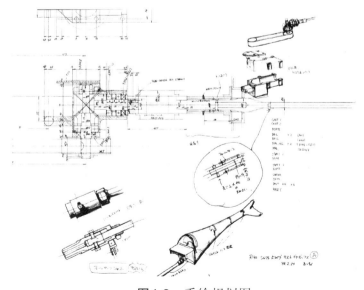

图4.3　手绘规划图

计算，就能完成研究，十分方便。数字时代如何融合这种模拟式研究？这样的工作是将灵魂融入一个事物中。

图4.4所示为轮毂电机组装图。在CAD中就算规划图没有输入任何特定尺寸，系统也会自动标注尺寸，随时可以显示，没必要像手绘规划图那样边绘制边检查尺寸。因此，笔者用CAD作规划时，经常将剖面规划图直接展开为组装图，这样可以在早期确定布局和零件结构，尽早确定截面和具体零件结构。如有必要，还可以为每个组装结构绘制组装图，这样后面的工序会更轻松。数字时代有着完全不同的工作方式，积极运用数字化工具可大幅度提高工作效率。高性能三维CAD系统就是很好的例子，无须绘制规划图，就能在系统上进行包括零件结构在内的虚拟组装。图4.5所示为三维CAD系统显示的例子，内部结构都是虚拟组装的，可以透视内部。

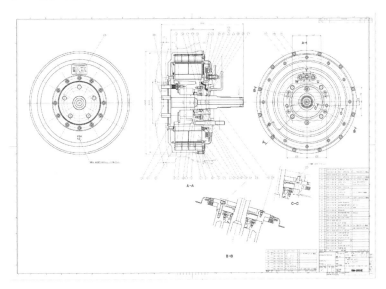

图4.4　组装图

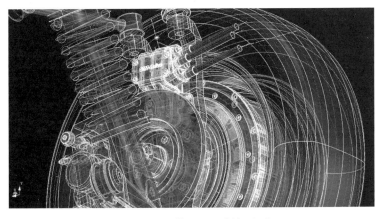

图4.5　三维CAD系统显示

4.1.2 单品设计—原型装配

完成组装图，确定零件结构，就可以列出零件清单了。零件清单是制作账簿，事关所有开发工作，涉及质量、装配、成本研究、开发进度管理等。厂商一般有关联采购系统的零件管理系统，由此确立零件结构。至于原型开发商和个体户，建议参照表4.1示例使用Excel计算，可以根据需要增加材质、供应商、成本等项目，作为管理表使用。单个轮毂电机有几十个零件，整车零件则成百上千，要花大量精力整备和研究。当然，需要对应零件数的图纸。

表 4.1 零件清单示例

			质量实测值			质量分配																
						车辆总体						簧下		簧上								
				实测值		07.07.27		重心位置 /mm			惯性 (kgf mm)			质量 /g	质量 /g	质量 /g	小计	重心位置 /mm			惯性 (kgf mm)		
分类					质量	小计	簧下比例	X	Y	Z	X	Y	Z	质量 小计				X	Y	Z	X	Y	Z
轮胎	TIRE & WHEEL	WHEEL-DISC	WHEEL FR 1RH	21.600		800	前提 铝合金	14.400		1.0	0	−360	−50	0	−288,000	−40,000	800	14,400	0	−360	−50	0	0	0
			WHEEL FR 1LH			800	轮辋宽度 80mm		1.0	0	360	−50	0	288,000	−40,000	800		0	360	−50	0	0	0
			WHEEL FR 2 RH			800	轮辋直径 110mm		1.0	260	−360	−50	208,000	−288,000	−40,000	800		260	−360	−50	0	0	0
			WHEEL FR 2 LH			800	板厚 1.5mm		1.0	260	360	−50	208,000	288,000	−40,000	800		260	360	−50	0	0	0
			WHEEL RR 1RH			800	卡丁车用 500g		1.0	990	−360	−50	792,000	−288,000	−40,000	800		990	−360	−50	0	0	0
			WHEEL RR 1LH			800			1.0	990	360	−50	792,000	288,000	−40,000	800		990	360	−50	0	0	0
			WHEEL RR 2 RH			800			1.0	1,250	−360	−50	1,000,000	−288,000	−40,000	800		1,250	−360	−50	0	0	0
			WHEEL RR 2 LH			800			1.0	1,250	360	−50	1,000,000	288,000	−40,000	800		1,250	360	−50	0	0	0
	TIRE		TIRE FR 1 RH	20.400		1,000	暂定		1.0	0	−360	−50	0	−360,000	−50,000	1,000		0	−360	−50	0	0	0
			TIRE FR 1 LH			1,000	卡丁车胎 1000g		1.0	0	360	−50	0	360,000	−50,000	1,000		0	360	−50	0	0	0
			TIRE FR 2 RH			1,000			1.0	260	−360	−50	260,000	−360,000	−50,000	1,000		260	−360	−50	0	0	0
			TIRE RR 2 LH			1,000			1.0	260	360	−50	260,000	360,000	−50,000	1,000		260	360	−50	0	0	0
			TIRE RR 1RH			1,000			1.0	990	−360	−50	990,000	−360,000	−50,000	1,000		990	−360	−50	0	0	0
			TIRE RR 1LH			1,000			1.0	990	360	−50	990,000	360,000	−50,000	1,000		990	360	−50	0	0	0
			TIRE FR 2 RH			1,000			1.0	1,250	−360	−50	1,250,000	−360,000	−50,000	1,000		1,250	−360	−50	0	0	0
			TIRE FR 2 LH			1,000			1.0	1,250	360	−50	1,250,000	360,000	−50,000	1,000		1,250	360	−50	0	0	0
AXLE	FR AXLE	KNU ARM & SPINDLE 1RH	6,072	10,540	2,480	500	暂定	2,000	1.0	0	0	0	0	0	0	2,000		0	0	0	0	0	0
		KNU ARM & SPINDLE 1LH							1.0	0	0	0	0	0	0			0	0	0	0	0	0
		KNU ARM & SPINDLE 2 RH							1.0	0	0	0	0	0	0			0	0	0	0	0	0
		KNU ARM & SPINDLE 2 LH							1.0	0	0	0	0	0	0			0	0	0	0	0	0
		FR HUB & BRG 1 RH	4,008	10,540			暂定	2,000	1.0	0	0	0	0	0	0	2,000		0	0	0	0	0	0
		FR HUB & BRG 1 LH							1.0	0	0	0	0	0	0			0	0	0	0	0	0
		FR HUB & BRG 2 RH							1.0	0	0	0	0	0	0			0	0	0	0	0	0
		FR HUB & BRG 2 LH							1.0	0	0	0	0	0	0			0	0	0	0	0	0
		PIVOT（暂称）1 RH				500			1.0	0	360	−50	0	180,000	−25,000	500		0	360	−50	0	0	0
		PIVOT（暂称）1 LH				500			1.0	0	−360	−50	0	−180,000	−25,000	500		0	−360	−50	0	0	0
		PIVOT（暂称）2 RH				500			1.0	260	360	−50	130,000	180,000	−25,000	500		260	360	−50	0	0	0
		PIVOT（暂称）2 LH	480			500			1.0	260	−360	−50	130,000	−180,000	−25,000	500		260	−360	−50	0	0	0
	RR AXLE	RR HUB & BEARING 1 RH	6,072	6,072			暂定		1.0	0	0	0	0	0	0			0	0	0	0	0	0
		RR HUB & BEARING 1 LH							1.0	0	0	0	0	0	0			0	0	0	0	0	0
		RR HUB & BEARING 2 LH							1.0	0	0	0	0	0	0			0	0	0	0	0	0
		RR HUB & BEARING 2 RH							1.0	0	0	0	0	0	0			0	0	0	0	0	0
SUSP	FR SUSP	FR EQUAOLIZER 1 RH	4,456	9,826	2,004	500	暂定	7,000	1.0	130	−260	−50	65,000	−130,000	−25,000	500	4,000	3,000	130	−260	−50	0	0	0
		FR EQUAOLIZER（暂称）1 LH				500			1.0	130	260	−50	65,000	130,000	−25,000	500			130	260	−50	0	0	0
		FR SUSP ARM 1 RH				1,000			0.5	130	−200	−50	130,000	−200,000	−50,000	500			130	−200	−50	65,000	−100,000	−25,000
		FR SUSP ARM 1 LH				1,000			0.5	130	200	−50	130,000	200,000	−50,000	500			130	200	−50	65,000	100,000	−25,000
		FR SUSP ARM 2 RH				1,000			0.5	130	−200	−50	130,000	−200,000	−50,000	500			130	−200	−50	65,000	−100,000	−25,000
		FR SUSP ARM 2 LH				1,000			0.5	130	200	−50	130,000	200,000	−50,000	500			130	200	−50	65,000	100,000	−25,000
		FR DUMPER RH	3,370		7,048	1,000			0.5	130	−250	160	130,000	−250,000	160,000	500			130	−250	160	65,000	−125,000	80,000
		FR DUMPER LH				1,000			0.5	130	250	160	130,000	250,000	160,000	500			130	250	160	65,000	125,000	80,000
	RR SUSP	RR EQUAOLIZER（暂称）1 RH	4,962	13,706	3,580	500	暂定	7,000	1.0	1,120	−260	−50	560,000	−130,000	−25,000	500	4,000	3,000	1,120	−260	−50	0	0	0
		RR EQUAOLIZER（暂称）1 LH	2,024			500			1.0	1,120	260	−50	560,000	130,000	−25,000	500			1,120	260	−50	0	0	0
		RR SUSP ARM 1 RH				1,000			0.5	1,120	−200	−50	1,120,000	−200,000	−50,000	500			1,120	−200	−50	560,000	−100,000	−25,000
		RR SUSP ARM 1 LH				1,000			0.5	1,120	200	−50	1,120,000	200,000	−50,000	500			1,120	200	−50	560,000	100,000	−25,000
		RR SUSP ARM 2 RH				1,000			0.5	1,120	−200	−50	1,120,000	−200,000	−50,000	500			1,120	−200	−50	560,000	−100,000	−25,000
		RR SUSP ARM 2 LH				1,000			0.5	1,120	200	−50	1,120,000	200,000	−50,000	500			1,120	200	−50	560,000	100,000	−25,000

续表 4.1

系统	部件	零件名	实测值	质量	小计	备注	簧下比例	总体重心X	总体重心Y	总体重心Z	总体惯性X	总体惯性Y	总体惯性Z	质量/g	簧下质量/g	簧下小计	簧上质量/g	簧上小计	簧上重心X	簧上重心Y	簧上重心Z	簧上惯性X	簧上惯性Y	簧上惯性Z
		RR DUMPER RH	4,860	6,278	1,000		0.5	1,120	-200	160	1,120,000	-200,000	160,000	500		500			1,120	-200	160	560,000	-100,000	80,000
		RR DUMPER LH	1,860		1,000		0.5	1,120	200	160	1,120,000	200,000	160,000	500		500			1,120	200	160	560,000	100,000	80,000
BRAKE	FR BRAKE	FR DISC BRAKE SYSTEM 1 RH	6,840	6,840	2,440	650 / 前提	1.0	0	-250	-30	0	-162,500	-19,500	650	2,600	2,600			0	-250	-30			
		FR DISC BRAKE SYSTEM 1 LH				650 / 转子150g Φ120 t2.0	1.0	0	250	-30	0	162,500	-19,500	650					0	250	-30			
		FR DISC BRAKE SYSTEM 2 RH				650 / 制动摩 500g 两轮用	1.0	260	-250	-30	169,000	-162,500	-19,500	650					260	-250	-30			
		FR DISC BRAKE SYSTEM 2 LH				650	1.0	260	250	-30	169,000	162,500	-19,500	650					260	250	-30			
	RR BRAKE	RR DISC BRAKE SYSTEM 1 RH	4,700	4,700	3,360	650 / 前提	1.0	990	-250	-30	643,500	-162,500	-19,500	650	2,600	2,600			990	-250	-30			
		RR DISC BRAKE SYSTEM 1 LH				650 / 转子150g Φ120 t2.0	1.0	990	250	-30	643,500	162,500	-19,500	650					990	250	-30			
		RR DISC BRAKE SYSTEM 2 RH				650 / 制动摩 500g 两轮用	1.0	1,250	-250	-30	812,500	-162,500	-19,500	650					1,250	-250	-30			
		RR DISC BRAKE SYSTEM 2 LH				650	1.0	1,250	250	-30	812,500	162,500	-19,500	650					1,250	250	-30			
	M CYL&BOOSTER	BRAKE MASTER CYL	760	760	315	320 / 两轮用	0.0										320	320						
	BRAKE PIPING	BRAKE PIPING (ENG ROOM)	1,024	1,024	100	100	0.0										100	100						
	FR BRAKE HOSE	FR BRAKE HOSE & TUBE 1 RH	548	1,156	180	150 / 暂定	0.5								75	600	75	375						
		FR BRAKE HOSE & TUBE 1 LH				150	0.5								75		75							
		FR BRAKE HOSE & TUBE 2 RH				150	0.5								75		75							
		FR BRAKE HOSE & TUBE 2 LH				150	0.5								75		75							
	RR BRAKE HOSE	RR BRAKE HOSE & TUBE 1 RH	608		180	150	0.5								75		75							
		RR BRAKE HOSE & TUBE 1 LH				150	0.5								75		75							
		RR BRAKE HOSE & TUBE 2 RH				150	0.5								75		75							
		RR BRAKE HOSE & TUBE 2 LH				150	0.5								75		75							
STRG	STRG GEAR	STRG GEAR	10,000	10,517	1,210	1,000 / 电动自行车 四轮用	0.0									250	1,000	1,650						
	TIE-ROD	TIE-ROD RH				250 / 前提 Φ15 L200	0.5								125		125							
		TIE-ROD LH				250 / 前提 Φ15 L200	0.5								125		125							
	STRG GEAR FIX MTG		517		400	前提 铝 t5.0	0.0										400							
	STRG COL&JOINT	STRG COL SHAFT	6,482	7,022	425	500	0.0										500	500						
		STRG UPR JOINT					0.0																	
		STRG LWR JOINT	540		310		0.0																	
	PS CONT	EPS	616				0.0										0							
驱动系统	MOTOR	MOTOR FR 1RH	54,734	54,734	17,510	5,000 / 暂定	1.0	0	-320	-50		-1,600,000	-250,000	5,000	60,000	60,000	0		0	-320	-50			
		MOTOR FR 1LH				5,000	1.0	0	320	-50		1,600,000	-250,000	5,000			0		0	320	-50			
		MOTOR FR 2 RH				5,000	1.0	260	-320	-50	1,300,000	-1,600,000	-250,000	5,000			260		260	-320	-50			
		MOTOR FR 2 LH				5,000	1.0	260	320	-50	1,300,000	1,600,000	-250,000	5,000			260		260	320	-50			
		MOTOR RR 1RH				5,000	1.0	990	-320	-50	4,950,000	-1,600,000	-250,000	5,000			990		990	-320	-50			
		MOTOR RR 1LH				5,000	1.0	990	320	-50	4,950,000	1,600,000	-250,000	5,000			990		990	320	-50			
		MOTOR RR 2 RH				5,000	1.0	1,250	-320	-50	6,250,000	-1,600,000	-250,000	5,000			1,250		1,250	-320	-50			
		MOTOR RR 2 LH				5,000	1.0	1,250	320	-50	6,250,000	1,600,000	-250,000	5,000			1,250		1,250	320	-50			
		INVERTER				20,000	1.0							20,000										
	HIGH VOLTAGE	DC/DC CONV	7,900	23,500	1,300	前提 300W 暂定	0.0	700	-250	-30	910,000	-325,000	-39,000	1,300			9,350	700	-250	-30	910,000	-325,000	-39,000
		BAT CHARGER	3,700		6,000	电动自行车 四轮用	0.0	700	250	-30	4,200,000	1,500,000	-180,000	6,000				700	250	-30	4,200,000	1,500,000	-180,000
		MAIN RELAY	11,000		550	前提 200A	0.0	700	-250	-30	385,000	-137,500	-16,500	550				700	-250	-30	385,000	-137,500	-16,500
		FUSE EMERGENCY S/W			1,000	暂定	0.0	700	-250	-30	700,000	-250,000	-30,000	1,000				700	-250	-30	700,000	-250,000	-30,000
		CABLE-HIGHT VOLTAGE	900				0.0	625	0	10	312,500		5,000	500				625	0	10	312,500		5,000
	BATTERY	BAT MODULE	122,800	125,800	19,600	20,000 / 前提 110W·h/kg 含单元及控制器	0.0	750	0	-27.5	15,000,000		-550,000	20,000			20,500	750	0		15,000,000		-550,000
		BAT CONT	3,000		3,200	前提 (含壳体)	0.0																	
车体	BODY FRAME	FRAME MAIN	96,594	19,000	4,400	前提 铝 t2.0	0.0	750	0	-27.5	3,300,000		-121,000	4,400			28,150	750	0	-28	3,300,000		-121,000
		STRG MBR			150	前提 铝 t2.0	0.0							150										
	FR DOOR	FR DOOR METAL ASSY RH	32,560		8,000	前提 PC t5.0	0.0	680	-360	560	5,440,000	-2,880,000	4,480,000	8,000				680	-360	560	5,440,000	-2,880,000	4,480,000
		FR DOOR METAL ASSY LH			8,000		0.0	680	360	560	5,440,000	2,880,000	4,480,000	8,000				680	360	560	5,440,000	2,880,000	4,480,000
		FR DOOR HINGE RH	1,760		500	前提 现制品	0.0							500										
		FR DOOR HINGE LH			500	(门可拆卸)	0.0							500										
	FR FDR METAL	FR FDR & STAY																						
	ROOF METAL	ROOF	3,544		3,300	前提 PC t5.0	0.0	800	0	1290	2,640,000		4,257,000	3,300				800	0	1,290	2,640,000		4,257,000
	RR FDR, RR PANEL	RR FDR	8,128				0.0																	
		RR PANEL	5,982				0.0																	
	BACK DOOR METAL	BACK DOOR METAL TRUNK	858		3,300	暂定 PC t5.0	0.0							3,300										
		BACK DOOR HINGE	8,252				0.0																	
	FR COMP METAL	HOOD METAL FR PANEL	312				0.0																	
		DASH LWR	2,284		580		0.0																	
		RR SUSP MBR	7,314				0.0																	
	FLOOR METAL	FLOOR	12,000				0.0																	

续表 4.1

			质量实测值						质量分配													
					07.07.27				车辆总体							簧下		簧上				
			实测值		质量	小计		簧下比例	重心位置/mm			惯性/(gf·mm)			质量/g	小计	质量/g	小计	重心位置/mm			惯性/(gf·mm)
									X	Y	Z	X	Y	Z					X	Y	Z	X	Y	Z
PKB	PKB CONT	PKB CONT DVC	13,600	1,686	514	600		面提 现制品	1,100		0.0		950	300	325	570,000	180,000	195,000		600	1,100	950	300	325	570,000	180,000	195,000
	PKB CABLE	PKB CABLE (unit)	916		730	0		面提 现制品			0.0		0			0			500		0			0
PEDAL CONT	A PEDAL	ACCEL CONT	770	3,136		400		面提 现制品	1,400		0.0		300	−80	50	120,000	−32,000	20,000		400	1,400	300	−80	50	120,000	−32,000	20,000
	B PEDAL	BRAKE PEDAL	1,489		1,080			面提 现制品			0.0		300	80	50	300,000	80,000	50,000		1,000		300	80	50	300,000	80,000	50,000
EXTERIOR	FR,RR BMPR	FR BMPR	1,647	12,295		1,700		面提 铝 100 t2.0	3,400		0.0	−140	0	600	−238,000	0	1,020,000		1,700	3,400	−140	0	600	−238,000	0	1,020,000
		RR BMPR	8,051			1,700					0.0	−140	0	600	−238,000	0	1,020,000		1,700		−140	0	600	−238,000	0	1,020,000
	WS GLASS, MLDG	WS GLASS	4,264	12,773		3,300		面提 PC t5.0	3,300		0.0	200	0	970	660,000	0	3,201,000		3,300	3,300	200	0	970	660,000	0	3,201,000
		WS MLDG & W STRIP	9,510								0.0		0			0			0		0			0
		SIDE WDW (FIXED TYPE)	803								0.0		0			0			0		0			0
	DOOR	FR DOOR OUT MLDG RH	2,460			600		面提 橡胶 t5.0	2,800		0.0		0			0			600		0			0
		FR DOOR OUT MLDG LH				600		面提 橡胶 t5.0			0.0		0			0			600		0			0
		FR DOOR OUTSIDE HANDLE RH				500		面提 通用品（压铸）			0.0		0			0					0			0

列出所有零件进行管理
作为供应商及模具、冶具等生产准备及成本的管理台账

		BACK DOOR FITTING	1,026								0.0		0			0			0		0			0
	FLOOR TRIM	FLOOR TRIM	2,551	2,551		500		面提 针刺地毯	500		0.0	625	0	20	312,500	0	10,000		500	500	625	0	20	312,500	0	10,000
	STRG WHEEL&A BAG	STRG WHEEL	3,309	3,309	1,100	2,000			2,000		0.0	775	0	770	1,550,000	0	1,540,000		2,000	2,000	775	0	770	1,550,000	0	1,540,000
	SEAT & HRST	FR SEAT COMPL	28,200	29,430	5,500	5,500		面提 铝管·网·垫	5,700		0.0	1,025	0	510	4,100,000	0	2,040,000		4,000	5,700	1,025	0	510	4,100,000	0	2,040,000
		FR SEAT ELR	1,190			1,500		含 A/B, 2500g			0.0		0			0			1,500		0			0
		FR SEAT FITTING	40			200		前提 无带扣			0.0		0			0			200		0			0
	SEAT BELT	FR SEAT BELT	4,131	4,131		1,000			1,000		0.0		0			0			1,000	1,000		0			0
		AIR BAG MODULE				1,000		ELR, 2500g			0.0	775	0	770	775,000	0	770,000				775	0	770	775,000	0	770,000
	KEY SET	KEY SET	1,058	1,058	668	300		前提 门、点火	300		0.0		0			0			300	300		0			0
电装	ELECTRONICS	12V BAT	BATTERY	6,400	6,400			0		0.0		0			0					0			0
	HARN	MAIN HARN	6,291	6,291		1,200		前提 灯、喇叭、控制器等	1,200		0.0		0			0			1,200	1,200		0			0
	螺旋电缆	STRG SEN	167	167					0		0.0		0			0					0			0
	RELAY	RELAYS	117	117		150			150		0.0		0			0			150	150		0			0
	SW	COMB SW	360	513		300		前提 现存品	450		0.0		0			0			300	450		0			0
		HAZARD & PARK SW	40			50		暂定			0.0		0			0			50		0			0
		RR DEFOG SW	35			50		暂定			0.0		0			0			50		0			0
		DOOR SW	42								0.0		0			0					0			0
		STOP LAMP SW	36			50		暂定			0.0		0			0			50		0			0
	ELECTRONICS PARTS	AIR BAG SENSOR	338			200		暂定	200		0.0		0			0			200		0			0
	METER	COMB METER	1,545	1,545		600		前提 现存品	600		0.0		0			0			600	600		0			0
	AUDIO	AUDIO	808	2,138					0		0.0		0			0					0			0
		SPEAKER	1,016						0		0.0		0			0					0			0
		ANT	114						0		0.0		0			0					0			0
		ANT FEEDER	200						0		0.0		0			0					0			0
	HORN	HORN	197	197	200	200		前提 现存品	200		0.0		0			0			200	200		0			0
	FUSE RED	HANDY LAMP & RED FUSEE	108	108					0		0.0		0			0					0			0
空调	AIR-CON	COOLER UNIT & HEATER UNIT	2,815	2,815					0		0.0		0			0					0			0
其他		清洗液	1,300																					
		涂装、封胶、密封	6,453																					
定员·载重		定员			75,000		75,000		0.0	1,068	0	615	80,100,000	0	46,125,000		75,000	75,000	1,068	0	615	80,100,000	0	46,125,000
合计		空车质量	564,051		100,127	187,620		187,620		93,261,250	1,525,500	21,518,000	90,450	97,170		50,751,250	1,525,500	24,474,000
		车辆总质量	564,051			262,620		262,620		173,361,250	1,525,500	67,643,000	90,450	172,170		130,851,250	1,525,500	70,599,000

　　具体结构零件设计由于范围太广，在此不作详述。这方面需要广泛的知识和经验，如金属加工、树脂加工、电子零件设计等，建议大家在参考机械元件设计参考书的同时，多跟随资深工程师跑现场，与零件生产厂商的专家多交流，学习轻松实现目标品质的加工方法及工装。严格来说，零件制作工厂的工序、设备各不相同，图纸画法亦不同，品质提升离不开相互之间的磨合。

4.1.3 组装—试转

完成设计之后的工作是评价。评价是为了检验当初预想的规划设计是否高质量完成。一般来说，"质量"作为工业产品的品质指标，一般指精度。但站在厂商角度，它的含义更广，包括策划研究质量、设计质量、零件制造质量、组装质量、成品质量、性能质量等。对于量产品，还会延伸到包装质量、服务质量等。检查这些项目是否满足目标质量的过程，被称为评价。

下一节会具体探讨"评价"，从现在开始，必须树立评价意识。试制阶段的检查事项如下。

● 来料检验

来料检验要检查数量，测量尺寸，以确保零件满足图纸要求，如图4.6所示。此外，还要称重，同时将成本记入零件清单。

● 临时组装

对各零部件进行临时组装，检查是否存在设计错误、加工错误等，如图4.7所示。如有问题，要尽快更正或重做。同时要适当调整进度，协调相关部门。

● 正式组装

经临时组装验证零件没有问题，便可按照装配图说明，涂抹油脂或胶水，

图4.6 来料检验

图4.7 临时组装

以规定扭力拧紧螺栓，进行正式组装。组装过程要按顺序拍照记录，如图4.8~图4.11所示。另外，所有组装问题和需要调整的项目，都要详细记录下来。

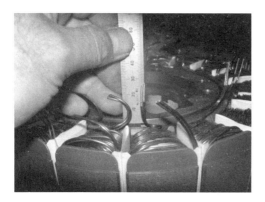

图4.8　组装调整

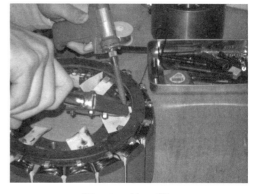

图4.9　接　线

图4.10　联轴器安装1

图4.11　联轴器安装2

● 试运转

　　试运转要在有安全保障的台架上进行。台架需要事先设计和制作，就电机而言，通常使用性能试验台架，如图4.12所示。

　　初次上电俗称"点火"，这个说法源自蒸汽机和发动机。组装完成后，点火前应手动空转检查声音、振动、平滑性等。一旦在手动空转过程中发现异响或振动冲击，就要及时拆解、检查、修理。声音是非常重要的信息，凭听感即可判断大多数异常停转，如图4.13所示。"点火"过程中要确保随时能够紧急停止，严防失控。安全高于一切。

　　"点火"后暂以低负荷运转，最少低速磨合1h后，再慢慢增大负荷，过渡到额定运转，进一步检查预定的最大负荷运转是否有问题。至此，可以正式进入评价过程了。在此期间会遇到各种问题，要迅速查明原因，研究对策，准备解决方案。

图4.12 台架试转　　　　　　　图4.13 听感检查

4.2 评价内容

　　完成设计、试制后，要制定详细的评价方案。评价内容和标准取决于试制目的，这里以车辆搭载试验为例，介绍电机本体的功能评价。图4.14和表4.2所示

报告编号：QM14E21NA0451

(2012)国认监认字 (256) 号　　2012002347Z　　CNAS L1466

车用电机及其控制器

产品名称：　　　　车用永磁同步电机　　　　

　　　　　　　　电机：SJ075300A-2103

产品型号：　　　控制器：SJ300B-2104　　　

受检单位：　　上海中科深江电动车辆有限公司　　

检验类别：　　　　　强制性检验　　　　

国家机动车产品质量监督检验中心（上海）

图4.14 检验报告书（封面）

为评价用的检验报告书，检验项目涵盖外观、性能、耐久性等。在这些试验评价项目的基础上，若能增加商品"卖点"部分的评价，会有更广泛的说服力。

表 4.2 检验报告书（总结）

名 称	汽车用电机及其逆变器	商 标	UCAS	
型 号	电机：SJ075300A-2013	检验种类	强制检验	
	逆变器：SJ300B-2014			
检验对象	UCAS	生产机构	电机：UCAS	
			逆变器：UCAS	
报告者	×××	报告日	7/1/2014	
检验标准	GB/T 18488.1-2006 （电动汽车用电机及其控制器 第 1 部分：技术条件） GB/T 18488.2-2006 （电动汽车用电机及其控制器 第 2 部分：试验方法） （电动汽车用电机及其控制器 试验大纲）	试验项目	外观测量 定子电阻 绕组直流绝缘电压 逆变器框体机械强度 定子和框体之间的绝缘电阻 绝缘耐压 堵转转矩和电流 逆变器保护功能 接地检查 水冷系统耐压测试 固有频率 温（湿）度变化后的绝缘电阻 盐雾 防尘防水性 温升测试 电机转速、转矩特性和功率特性 再生功能 最高转速 超速测试 噪声 电压波动 过载峰值功率	
试验结论	经检验，满足 GB/T 18488.1-2006（电动汽车用电机及其控制器 第 1 部分：技术条件）、GB/T 18488.2-2006（电动汽车用电机及其控制器 第 2 部分：试验方法）、（电动汽车用电机及其控制器 试验大纲）的要求			

实际上，车辆搭载状态下的各种评价试验，基本是在整车厂进行的。驱动系统厂商应根据整车厂的要求，制定独立功能评价方案。功能评价大致分为外观评价、性能评价、耐久性评价。注意，作为如今的驱动电机标准，同步电机应结合逆变器进行评价。

4.2.1 性能评价

在图4.12所示台架上对电机基本性能进行运转试验评价，主要内容如下。

● 运转前本体评价

① 外观检查、尺寸测量、质量测量。

② 线圈电阻测量、绝缘电阻测试、耐压测试。

● 运转前台上评价

① 手动空转试验、电压波形检查、旋转变压器进角检查。

② 反电动势常数测量。

③ 转矩常数测量。

● 运转试验

① 连续额定输出功率运转试验。

② 最大输出功率运转试验。

③ 驱动特性测试（转速–输出功率，转速–转矩，转速–效率）。

④ 发电特性测试（转速–输出功率，转速–转矩，转速–效率）。

⑤ 驱动电压/电流波形测量。

⑥ 振动测量。

⑦ 噪声测量。

● 最大输出运转试验

① 最大转速运转试验。

② 最大转矩运转试验。

③ 静止转矩测试。

同时，要时刻监测电机绕组温度。

4.2.2　耐久性评价

耐久性可以分为相对于电机自身输出的耐久性和耐环境性。电机输出耐久性试验，要将绕组温度制成图，评价其温升，评价最大输出功率和时间。如果温度在材料和结构耐热温度允许范围内，可以在此期间施加额定负载。多数情况下，输出功率可在1min之内翻倍。包括上述温升试验在内，耐久性评价内容如下。

● 温度环境

　①　运转温升测试（上文）。

　②　外部温度（环境温度）运转测试（高温/低温）。

　③　温度波动测试（热循环、热冲击）。

● 耐蚀性试验

　①　盐雾试验。

　②　恒温恒湿试验。

　③　污染（灰尘）试验。

　④　水没试验。

● 连续运转试验

　①　耐久性测试。

　②　激振运转测试。

进行这些评价试验，是为了证明产品可以经受预期的恶劣条件，并示之以人。

4.3　评价总结

成功通过上述评价后，电机系统作为部件就达到了预期水平的可靠性。电机本体在汽车综合系统中只负责驱动，而轮毂电机除了驱动，还承担着前述很多功能。考虑到环境差异和组合，有时会发生意外的问题。在这种情况下，必须仔细观察、细致分析，以查明原因，防止再发。本着意外本就不该发生的心态，应制定严谨的评价方案，研究、实施、反馈，持续改进。对工程师而言，"意外"等同于"模拟实验没有做好"。

最后，笔者想分享佐佐淳行先生关于危机管理的一句格言：

"危机管理的基础是，悲观地准备，乐观地应对。"

参考文献

［1］ 武田洋次, 松井信行, 森本茂雄, 本田幸夫. 埋込磁石同期モータの設計と制御. オーム社, 2001.
［2］ 吉田武. マクスウェル·場と粒子の舞踏. 共立出版, 2000.
［3］ 広江克彦. 趣味で物理学. 理工図書, 2007.
［4］ 長沼伸一郎. 物理数学の直観的方法(第2版). 通商産業研究社, 2005.
［5］ 高橋則雄. 三次元有限要素法―磁界解析技術の基礎. 電気学会, 2006.
［6］ Hendershot J R, Miller T J E. Design of brushless permanent-magnet machines. Motor Design Books, 2010.
［7］ 竹内寿太郎. 電機設計学. オーム社, 1997.
［8］ Nürnberg W. Die Asynchronmaschine. Springer, 1952.
［9］ Kassakian J G, Schlecht M F, Verghese G C. Principles of power electronics facsimile. Pearson, 1991.
［10］ 石川広三. 構造の世界―なぜ物体は崩れ落ちないでいられるか. 丸善, 1991.
［11］ Asimov I. Asimov's New Guide To Science . Penguin Books, 1987.
［12］ 小口泰平. ボッシュ自動車ハンドブック（第 2 版）. 山海堂, 2003.
［13］ 三菱自動車. 三菱自動車テクニカルプレビュー, 2008,(2): 54.
［14］ 財団法人日本自動車研究所. JHFC 総合効率検討結果報告書, 2006,3.
［15］ An F, Earley R, Green-Weiskel L. Global overview on fuel efficiency and motor vehicle emission standards: policy options and perspectives for international cooperation. The Innovation Center for Energy and Transportation (iCET), 2011, CSD19 (BP3).
［16］ 伊藤雄一, 堺香代, 牧野祐介. インホイールモータシステム. NTN TECHNICAL REVIEW, 2011,(79).
［17］ Fraser A. Wheel electric motors: the Packaging and Integration Challenges. Protean Electric Ltd, 2012.
［18］ Fischer R. More Agile in the City - Schaeffler's wheel hub drives. Schaeffler, 2014.
［19］ 堀内浩太郎. あるボートデザイナーの軌跡. 舵社, 1987.
［20］ 堀内浩太郎. あるボートデザイナーの軌跡2. 舵社, 2002.
［21］ 卜部正樹, 岸上靖廣, 平本治郎, 他. 超ハイテンのTWB構造による小型電気自動車用台車の開発. 日本自動車技術会講演前刷集, 2010.
［22］ 牧野智昭, 石川愛子, 伊桐千浪, 堺香代. 自動車用インホイールモータの技術動向. NTN TECHNICAL REVIEW, 2013, (81).
［23］ ブリヂストン ニュースリリース, 2003, (63).

后 记

本书介绍了轮毂电机的概念、形式、设计方法、验证和评价方法等。三位作者曾经在庆应义塾大学主导了采用轮毂电机的新一代电动汽车（从超小型流动车、乘用车到大型客车）的需求调研、概念构思、设计开发，并转化研究成果用于自然科学系，甚至社会科学系的大学生、研究生教育，让文科生也有机会了解轮毂电机的汽车世界。

基于这样的研究和教育经验，三人集思广益，编写了本书。笔者相信，初学者也能够通过本书领略轮毂电机的世界。笔者期待，能够出现一大批从事节能设计与通用设计融合的新一代电动汽车开发的人才。

希望读者不要局限于本书的主题——轮毂电机，要充分了解交通工具，特别是电动汽车的社会性需求，明确新一代车辆的电机需求，然后进行设计、验证、评价。在本书开头，笔者一再强调轮毂电机有助于节能设计和通用设计的融合。轮毂电机是改善各类人群驾乘便利性的技术性选项之一。除了轮毂电机和节能设计，还要纵观全局，最大限度地利用轮毂电机，向世界展示任何人都方便驾乘的通用设计型汽车。

期待诸位读者都能养成跨学科的大局观。

代表作者　西山敏树